贵州省教育科学规划课题《初中化学生活化创新能动教育研究》
（课题编号2016B134）

教|育|知|库

初中化学核心素养培养与生活化教学研究

龙芳 著

光明日报出版社

图书在版编目（CIP）数据

初中化学核心素养培养与生活化教学研究／龙芳著. --北京：光明日报出版社，2023.4
ISBN 978-7-5194-7139-2

Ⅰ.①初… Ⅱ.①龙… Ⅲ.①中学化学课—教学研究—初中 Ⅳ.①G633.82

中国国家版本馆 CIP 数据核字（2023）第 063196 号

初中化学核心素养培养与生活化教学研究
CHUZHONG HUAXUE HEXIN SUYANG PEIYANG YU SHENGHUOHUA JIAOXUE YANJIU

著　　者：龙　芳	
责任编辑：杜春荣	责任校对：房　蓉　李海慧
封面设计：中联华文	责任印制：曹　诤

出版发行：光明日报出版社
地　　址：北京市西城区永安路 106 号，100050
电　　话：010-63169890（咨询），010-63131930（邮购）
传　　真：010-63131930
网　　址：http://book.gmw.cn
E - mail：gmrbcbs@gmw.cn
法律顾问：北京市兰台律师事务所龚柳方律师

印　　刷：三河市华东印刷有限公司
装　　订：三河市华东印刷有限公司

本书如有破损、缺页、装订错误，请与本社联系调换，电话：010-63131930

开　　本：170mm×240mm	
字　　数：161 千字	印　　张：10.5
版　　次：2023 年 4 月第 1 版	印　　次：2023 年 4 月第 1 次印刷
书　　号：ISBN 978-7-5194-7139-2	

定　　价：68.00 元

版权所有　　翻印必究

前　言

初中化学是一门起始学科，教学内容不多，难度也不是很大。之所以被放到初三进行学习是因为它需要其他学科的知识积累和准备，如数学、物理、生物等。也需要生活经验的积累，毕竟化学学科与社会和生活都密切相关。学生对生活的思考和理解会在一定程度上影响化学的学习，因此教师应引导学生关注生活，从生活中获得积累。此外初次接触新学科，学生会有一定的不适应，但如果从学生身边的实际生活出发进行引导教学，则可以使复杂、枯燥的化学知识变得易于接受和理解，并能够引起学生兴趣，从这一点上看，初中化学十分适合实施生活化教学。本书将结合生活化教学的多方相关理论，尝试对生活化教学模式下的初中化学教学进行较为系统的分析和研究，希望能够为相关教学研究提供借鉴。

化学知识的源头是生活，源于生活并用于生活。提高初中生的化学成绩，应对考试只是初中化学教学的目的之一，考试成绩仅仅是考查初中生掌握化学知识的情况，绝不是最终目的。初中化学的真正学习目的是要通过知识的学习，来帮助指导初中生明白生活中的现象，使学生获得对生活中一些现象的科学认识，提高学生解决生活实际问题的能力。因此在初中化学课堂教学中，我们应该探索运用生活化的教学策略，使学生获得综合能力和化学核心素养的全面提升。

本书有六个章节，共10余万字，旨在为初中化学生活化教学理论研究提供一定的参考价值。由于笔者水平有限，书中还存在许多不足，望读者能够不吝指正。

目 录
CONTENTS

第一章 核心素养导向的教学观重建 ········· 1
  第一节 基于立德树人的教学 ········· 1
  第二节 基于课程意识和学科本质的教学 ········· 4
  第三节 基于学生学习的教学 ········· 6

第二章 化学核心素养建构与新课堂教学策略 ········· 8
  第一节 化学核心素养建构 ········· 8
  第二节 新课堂教学策略 ········· 15
  第三节 化学实验教学策略 ········· 24
  第四节 家庭化学实验教学策略 ········· 29

第三章 化学生活化教学与化学核心素养 ········· 34
  第一节 化学生活化教学的理论基础 ········· 34
  第二节 脱离生活的化学教学现状 ········· 38
  第三节 新课程化学教学强调生活化 ········· 43
  第四节 核心素养与化学生活化教学相结合 ········· 45

第四章 化学教学生活化"三全"模式的探索与实践 ········· 52
  第一节 "三全"教学模式的提出 ········· 52

第二节　化学教学生活化"三全"教学模式的内涵 ……………… 56

第五章　化学教学生活化设计的一般要求 ……………………… 68
　　第一节　化学教学生活化设计的一般范式 …………………… 68
　　第二节　化学教学生活化设计的注意事项 …………………… 69
　　第三节　"双减"政策促进化学生活化教学 …………………… 79

第六章　化学教学生活化设计实例举隅 ………………………… 84
　　第一节　二氧化碳的性质与用途 ……………………………… 84
　　第二节　燃料的合理利用与开发 ……………………………… 92
　　第三节　水的净化 ……………………………………………… 99
　　第四节　生活中常见的盐 ……………………………………… 106
　　第五节　空气 …………………………………………………… 115
　　第六节　化学肥料 ……………………………………………… 122
　　第七节　爱护水资源 …………………………………………… 129
　　第八节　物质由微观粒子构成 ………………………………… 137
　　第九节　燃烧和灭火 …………………………………………… 142
　　第十节　人类重要的营养物质 ………………………………… 149
　　第十一节　金刚石、石墨与 C_{60} …………………………… 153

结　语 …………………………………………………………… 158

参考文献 ………………………………………………………… 160

第一章

核心素养导向的教学观重建

传统教育观念的特点是学生处于被动地位,教师把学生当成一个仓库,机械地把知识放进去。以书本为教学的主要内容,缺乏知识的扩展延伸和灵活运用。而且,分数被看作是衡量学生学习成效的唯一标准。它导致的结果是,忽视了学生作为一个"人"而存在,将其作为知识灌输的容器。这样,学校培养出来的"人才"很难应对现实生活中的问题。而核心素养的教学观的目的不同,它以培养学生适应终身发展和社会发展需要的必备品格和关键能力为靶向。因此,在核心素养观念的指导下,我们应该在教学中从树立立德树人的教学观、注重课程意识结合学科本质、注重学生学习角度进行改革。

第一节 基于立德树人的教学

一、人是教学的对象和目的

学生非产品,教育绝不能够像工厂标准化生产产品一样进行。而应该充分尊重学生作为一个个鲜活生动的人的基本事实,在教育过程中,坚持以人为出发点,因人而异,因材施教,通过耐心地引导教育,帮助学生成长、获得知识。所以,作为教师,我们必须明白:使学生获得全面健康发展是最终目标,而这个过程需要把学生作为生动的差异化的个体来用心培养。

（一）学生是独特的人

1. 学生是完整的人

学生的个体差异和丰富个性是这个群体的重要特征，每一个学生都是一个完整的人，而且是一个具有不同个性的人。因此教师就要在教育活动中，充分认识到这个显著特征，首先从思想上承认每一位学生的智慧力量、人格力量，把学生当作一个完整的人，让学生充分发挥主观能动性和个性，给他们提供展示个性和人格魅力的空间和时间。

2. 每个学生都有自身的独特性

学生由于所处环境不同，所形成的心理也不同，在兴趣、智能、性格、特长等方面都不相同，每位学生都是一个独特的个体。作为教师，我们应该承认和欣赏学生的这种独特性，并且也应该尊重他们的差异、发扬他们的特长、培养他们独特的个性。把差异化看作是学生发展的前提，看作是一种财富，使这些具有不同个性的学生得到完全、自由的成长。

3. 学生与成人之间存在着巨大的差异

学生毕竟是学生，年龄小而且对事物的认识不全面，因此，要认识到学生与成人的差别，了解学生在观察、思考等方面与成人的不同之处。从而做到从孩子出发，进行教学、教育和培养。

（二）学生是发展的人

任何事物都是有规律可循的，学生的身心发展也一样，会经历不同阶段，而且学生的智力发展具有巨大的潜能，随着年龄的增长和教育经历的增长，其智力水平会相应逐渐提高。每位学生都始终处于不断地发展过程之中，也就意味着他们从不成熟正在走向成熟。同时，还要认识到学生的发展是全面的，因此在教育教学中，在进行知识教授的同时，还要重视方法、情感与价值观的培养，从而使学生获得全面发展。

二、知识的育人价值与精神意义

知识是人类智慧的结晶，在育人问题上，离不开知识的承载。知识是人类发展过程中积累的经验与智慧，知识具有改造世界、提升认知、改善自我的力量。

知识是课堂教育的主要内容。学生学习知识是教育的基本目的。教育教学活动的开展离不开知识的传授。没有知识，教学活动就会失去依托、失去意义，也无法真正达到教育的目标。对于学生来说，知识是养料，是增长能力、提高认知和成长的阶梯。当学生发展了能力，才能提高综合分析、概括、判断等思维水平。知识作为基础，是创新的先决条件。只有具备了学习知识的能力和积淀了丰富的知识，才有可能取得创新的成果。知识无限且不断更新，学生需要不断学习，并且学会将知识与生活、与社会相结合，联系实际，学会将知识应用于实际的生活与将来的工作中，才能够达到学习知识的目标，知识也才能够真正发挥作用。

同样，对于化学学科来说，化学基础知识和基本技能作为基础，对于学生核心素养发展具有十分重要的支撑作用。作为一门自然科学，化学的物质观、变化观、实验观、宏微结合等方法观念是培养学生科学精神重要且必不可少的组成部分。化学在材料、能源、健康、环境等与人类社会发展密切相关的领域起着重要的作用，对于学生形成合理开发和节约资源的意识、树立人与自然和谐共生的观念具有重要意义，同时，有利于学生正确认识化学与人类社会发展的关系。

三、学科教学是促进学生成长的基本途径

学科知识、学科能力本身是没有办法自己转化为一个人有用的素养的。学科知识、学科能力要想转变为学科素养、转变成学生的素养，必须要有非学科、非量化、非智力"要素"的加入。这些有用的"要素"是诸多学科共同承担和发力的结果。目前，在分科教学中有效注入核心素养的培育是最便捷和最为有效的办法。不同学科的知识有着不同的意义，共同推动人类进步发展。对于任何一门学科，任教教师除了要向学生解释知识的内容和含义外，还要让学生了解这门学科在其人生成长中的意义，让学生明白，学习知识和学习过程是将来与社会联系和进行生活的重要纽带。只有理解这些，学生才能明白学习内容及其意义所在，才能对学生的世界观和价值观产生影响，进而改变学生的认知，引导学生思考未来自己应该肩负的社会责任。在过去的学科教学中，教师容易忽视学科知识及内容本身与学生未来发展的联系。在

学校的学科教学中，普遍存在着以考试评价为导向等问题，这样学科教学易于陷入纯知识点的教授与学习中，导致学科内容碎片化、不系统，甚至有些教学内容不能够反映其内在的逻辑性与完整性，以及知识体系的要素的关联性。学生只关心知识点的局部结论和考试的要求，而忽略了学科知识意义等重要的内容。比如，人类在这个知识体系的认知中的思考过程与探究的方法，以及这个知识体系对人类自然和社会的过去、现在以及将来整个过程的解释等。只有这样，才能真正在学科教学中完成立德树人的目标。

以核心素养教学，凸显育人价值，服务学生终身发展；只有将立德树人作为教育的目标，才能让学生达到对知识的融会贯通和应用，并形成自己的道德判断和价值认同。化学学科源于生活，服务于社会。化学在人类文明发展中的贡献尤为突出。从古到今，数不尽的巨大化学成就，在人类文明和科学技术进程中发挥重要作用，比如从发明造纸术、火药到冶铁炼钢，乃至今天纳米、航空航天技术发展等。同时，化学武器、食品安全、新型合成毒品等有关化学的负面事件却又给人留下了不好的印象。化学是一门科学，没有好坏之分，用于人类进步就是积极的作用，但被坏人利用又会产生不好的作用。因此，提倡素质教育，重视德育并重，立德树人，让化学科技的力量服务于正确的方向和人类事业的发展。

第二节 基于课程意识和学科本质的教学

一、以课程意识代替教学意识

正常来讲，教师具有教学意识是肯定的，教学本来就是教师重要的任务。通过教学，学生增长学科知识，具有学科的相应能力。但同时这也具有一定的局限性，强烈的本学科教学意识会使得教师的目光仅局限于本学科的范围，仅仅把自己定位为一个教书匠，甚至只是以提高应试成绩为目标，这样的观点和做法是远远不够的，与素质教育的本质和导向是不相符合的。

也许不可想象，一位数学教师在上课的时候，窗外忽飘大雪，引得学生纷纷伸长脖子观望，而且情绪高涨，这位教师就因势利导，让学生们出门观察大雪，然后展开想象，写一篇关于雪的作文，这下激发了学生的写作激情，平时最怕写作文的学生也洋洋洒洒写出了非常漂亮的作文，连语文教师都不敢想象。这就是跳出教学意识、树立课程意识结果。从培养学生的角度来讲，这是一次多么好的锻炼学生的机会。

突破课堂教学内容，唯一的出发点是只要有利于学生的健康成长都是可以尝试的，更多重视学生的情感态度和价值观培养，这就是课程意识。在素质教育背景下，提倡课程意识是具有重要意义的。不仅有利于学生学习知识，更有利于促进学生的全面健康发展。因此，教师应树立眼界宽泛、思维开阔的课程意识，从长远和大局着眼、从素质教育的根本要求着眼，转变教育观念，适应教育改革新形势的要求，树立以学生为本的教育理念，以促进学生长远发展作为教育目标，以课程意识取代教学意识。

二、以学科本质代替知识本位

以知识本位为导向，主要关注学生对知识点了解、理解、掌握的程度。而以学科本质为导向，更多的是重视对学生学科素养的培养。化学教学应注重思维品质的训练。首先是化学思维的深刻性。例如，对于"质量守恒定律"的学习，不仅要让学生知道"任何一种化学反应，前后质量不变"，而且还要弄明白质量不变的原因是什么。通过弄通原因，加深学生的理解，学生真正掌握这一化学规律的实质，锻炼学生的探究思维。其次是化学思维的精密性。化学离不开量的计算，初中化学的定量研究与化学计算相结合，在基本化学原理的基础上进行量的计算，从而加强学生思维的精密性。

至于对学生思维品质的训练，教师需要创设情境启发学生。比如对于原子结构的认识，教师不妨尝试制作一个原子的模型，在课堂上让学生通过观察了解原子的结构，同时借助原子模型让学生理解"元素"的概念，理解为什么说"元素"是"具有相同的核电荷数（核内质子数）的一类原子的总称"。通过这样的生动教学，在加强学生对原子结构认识的同时，增强学生学习知识的条理性和融通性，便于学生联系实际，对化学知识活学活用，达到素质教育的目标。

第三节 基于学生学习的教学

一、在教学中发挥学生的主动性

只有提升学生学习的主动性，才能够达到最好的学习效果，才能够使学生产生探索和学习的自觉动力。教师应从培养学生的自主学习能力入手，引导学生通过自学、探索和发现来获得科学知识。在教学过程中充分发挥学生的主体地位和主导性，适当给予学生自行安排学习内容、方式的自由，引导学生自主发现并解决问题。通过激发学生的好奇心，学生形成自觉学习的好习惯，这样会达到事半功倍的效果。

引导学生增强创新和探究能力。从长远的角度来看，培养学生的创新能力和科学探究能力，能够有效地对学生的智力潜能进行进一步激发，使学生具有创造能力，从而对其自身发展产生深远影响，为国家培养有用的创新人才。

同时，引导学生形成科学观念，正确的人生观和价值观有助于学生正确地、积极向上地对待自己的人生。在教学中，教师要有意识地培养学生正确的价值观念，比如节约用水、保护环境等。在"自然界中的水"的学习中，教育学生爱护水资源、节约水资源，在实际生活中自觉实践。平时注意将课程学习与社会结合，引导学生关注社会问题，增强其社会责任感，培育其爱国主义情怀。

二、教学设计以提高学生的核心素养为原则

（一）设计开放扩散性问题，让学生参与解决问题

设计开放扩散性的问题，以引发学生思维，激发学生主动探索，展现个人素质。这类问题的解决要求突破传统的思维，引导学生多角度看待问题，多方面思考解决问题的途径。比如在讨论大气污染时，SO_2 气体是大气污染的

主要污染源之一，可以提出让学生设计方案如何回收空气中的 SO_2 气体的问题。学生充分发挥其主动性，积极参与，不仅根据化学知识提出一些方案，而且还联系学过的植物学知识，提出栽种能吸收 SO_2 气体的植物来解决环境问题。

（二）提倡"探究式"教学方法

探究的过程包括提出问题、猜想与假设、实验验证、总结反思等，是一种高效的学习方式。化学课程中"科学探究"主题的设置目的就是引起教师对提升学生科学探究能力的重视，使教师引导学生转变学习方式，使学生在实践中探索和获取科学知识。

在"探究式"教学方法中，实验是一种有效的探究途径。通过让学生自己动手进行实验，观察、认识和体验实验现象与结果，讨论分析实验所揭示的科学规律，在获取知识的同时，增强学生的自主探究能力、动手能力，养成自主学习的良好习惯。

第二章

化学核心素养建构与新课堂教学策略

所谓的教学策略是教学过程中制定实施的一套方案，其目的是达到一定的教学目标。为了构建基于核心素养下的初中化学课堂，也为了提升学生的基本化学品质，本章节我们主要从"化学核心素养建构""新课堂教学策略""化学实验教学策略""家庭化学实验教学策略"四个方面的教学策略入手进行论述，以期能够为构建核心素养下的初中化学课堂提供帮助。

第一节 化学核心素养建构

一、化学学科观念

化学学科的特点在于，它和生产生活、社会进步、科研创新密切相关，是一门中心、实用、创造性强的重要科学。但是，化学被学生认为是一门比较难学的学科，因为它不仅牵扯抽象的概念、复杂的规则，需要记忆的知识点多，而且还需要灵活理解。为了让学生能够易于接受化学、克服化学学科学习的恐惧，教师就要首先让学生明白，其实，化学的核心并不复杂，就是几个重要的基本观念。弄懂了这几个基本观念，就能够在纷繁复杂的表面现象之下，抓住最基本的核心问题，找到最基本的规律和规则。科学就是要讨论世界的核心问题。作为揭示规律的重要工具，化学学科核心观念和思想方法非常重要。因此，要弄明白守恒思想与平衡观念等基本理念，理解元素观微粒观、化学变化观能量观、科学本质观、化学价值观等基本观念，掌握比较、分类、假说、模型化等基本方法。在平时教学中不断强化化学学科的核心观念，这样化学学科的学习就变得容易和易于接受。

举例来讲，元素观和微粒观是化学学科的独特视角，是在原子、分子层次上研究物质的组成、结构，是对世界本原的探索。以此基本观念延伸出化学元素、元素周期表（律）、原子、分子及分子间作用力等知识。化学变化规则体现了物质运动、变化的特性，实验观揭示了自然科学的实践本质和共性。化学实验作为人类实践活动的基本形式之一，成为探索真相、学习化学的重要途径。分类观也作为一种基本的思维方式和研究方法，对于理解化学概念的范畴、梳理化学知识之间的逻辑关系很有帮助。同时，科学本质观、化学价值观等对于学生来说都是非常重要的基本观念，需要学生认真体会、学会运用。

而上述这些基本观念之间并不是彼此割裂的，而是相互联系的。例如，在讨论化学反应时，除了涉及化学变化观外，还会涉及元素观、微粒观、分类观、实验观、能量观等。

二、化学学科思维

每一门学科都有其不同的思维方式。化学的学科特点决定了其具有物质运动、物质守恒、物质分类、动态平衡、建构模型、对立统一、内在联系、质量互变、一般与特殊、宏观与微观、定性与定量等思维，掌握这些思维方式对于学生学好化学、提升核心素养具有十分重要的意义。

比如，可以培养学生树立物质运动的思维。"世界是物质的，物质是运动的"，这是初中化学的一个最基本的思维，是说世界上的物质都无时无刻不在运动着，所有的一切都是物质运动的结果。化学反应（运动）则是化学研究的重点。化学运动与人类的生产生活密切相关，通过化学反应，我们可以得到不同的物质，实现生产目的，为社会创造财富，为人类服务。物质守恒的思维指的是化学反应前后，原子的种类、数量和质量等都没有发生变化，也就是我们经常所说的"质量守恒"定律。抓住这一条基本规律，很多看似复杂的化学难题便会迎刃而解。深刻理解这一规律，学生对于抽象的微观世界就易于理解，而且能够用这一定律解释很多化学现象。物质分类的思维要求学生在化学学习中首先学会从某个角度对物质及其变化进行分类，然后再在这一类别情况下去研究和分析问题，这样就不容易混淆和出错，因为毕竟不同类别的物质情况不同，所适用的规则也不同。比如中学化学中关于混合物、纯净物、单质、化合物、有机物、无机物等的分类。对立统一既是辩证法，又是方法论，在化学学习中对立统一思维揭示了事物内部的矛盾性，如氧化与还原、酸性与碱性、溶解与结晶等化学概念。内在联系的思维是指事物都不是孤立存在的，而是有着这样那样的内在联系。宏观与微观的思维揭示了物质外在的宏观变化都是由内在微观粒子的变化引起的。如压缩气体使气体体积缩小是因为气体分子之间的距离缩短了。通过微观分析，寻找问题的根源和本质。定性与定量的思维是常用的思维方法，定性主要从是否存在某种属性进行初步确定，在定性的基础上，定量的思维方法对事物的属性更加精确地进行量化研究。同时，还有动态平衡的思维、一般与特殊的思维、建构模型的思维及质量互变的思维等。

化学学科思维之所以重要，是因为它揭示化学物质及变化的基本规律，是对化学知识和方法认识的提炼。只有掌握了化学规律，才能够认识化学的本质，从而为解决化学学习中的各种问题奠定基础。在教学过程中，教师就需要有意引导和培养学生的化学思维，并应用到化学学习中去。

三、科学探究实践

科学探究是一种积极学习化学知识、主动寻求科学真相的有效方式。在化学探究过程中，学生从问题或者猜想出发，通过动手实践和多途径的探索实验，获得认识、知识和技能。在这个过程中同时也提升了学生的动手实践能力，激发了学生的学习兴趣，起到了较好的学习效果。在教师教学中，科学探究得到广泛应用。

化学科学探究教学具有萨其曼式探究、结构探究和指导探究等多种形式。萨其曼式探究名称来自萨其曼人。萨其曼认为通过训练帮助学生探究，这是一个最好的方法。训练可以促进学生发现问题并提出疑问，并能够使学生结合资料积极思考、探索，从而找到答案。这就是一项以训练和探究为特征的教学方式。作为化学教师，需要鼓励学生对问题进行动手实验证实，引导学生思考，使学生以发散思维去探索，加强交流与合作，共同解决问题、求得真相。结构探究为学生提供所要研究的问题和采取的方法、材料，却不告诉结果。学生需要自己收集数据、总结概括、分析探讨，从中找到答案。指导探究是仅仅为学生提供问题，有时也给予材料和方法的帮助，其他需要学生去自主探究，多以"主题活动"为主。自由探究则是指让学生自己独立完成所有的探究任务，包括问题提出及整个探究过程。充分激发学生的好奇心，发挥学生的个性，提升学生的综合实践能力和化学核心素养。教师可在准备阶段、课题选择及方法选用等环节对自由探究进行适当指导，引导学生完成完整的探究过程并形成详细的过程记录和成果资料。

（二）化学科学探究的核心要素

探究式学习活动具有一定的过程内容及核心要素，主要有问题的提出、证据的收集、回答解释、结果评价以及交流发表五个步骤。在实际的应用中，化学教师可根据情况对这几个步骤环节有所取舍，不一定全部照抄照搬。探究式学习活动也被称为"问题导向"学习，所以"问题"是探究式学习的指明灯，是重要的第一步。"问题"需要适合学生开展探究活动，但不一定是出自学生。如上所述，问题可由教师提出来或者通过其他方式启发而来。

具体教学中，证据收集、解释形成和求证的过程是特别值得注意的关键环节，往往是学生开展探究活动的难点。学生在进行证据收集的时候，需要根据有限的线索来确定收集什么样的有效证据，同时学生可能面临不止一个合理的解释，因此，探究活动的结果可能是指向一个未得到证实的假说。但这个探究的过程的价值是不可否认的。

实际上，学生开展探究性活动往往是在知道结论、书本已经给出答案的情况下进行的，很多情况下并非真正实践了探究性的过程。因此，在教学过程中，教师尽可能让学生在未了解结果的情况下开展探究性活动，使求证性少一些，而探索性多一些，让未知的因素多一些，已知的影响少一些。尤其不能够抱着走过场、形式化的思想来开展学生的探索实践活动，这样不利于培养学生的探究思维和创新能力，不利于化学核心素养的形成，会对学生未来的全面发展造成不良的影响。

所以，我们应牢牢把握探究性学习的主要特征，高度重视和把握探究式学习的核心要素，尽量设计真正意义上的探究性学习活动，鼓励学生大胆实践，主动探究。

（三）化学科学探究的方法

中学化学科学探究的设计和探究性学习主要采用以下五种研究方法：

1. 调查

调查是一个追求真相和认识事物的过程，针对一个问题通过访谈、测试等方式收集证据，最终获得对事物的准确认识。一些与实际社会生活联系紧密的化学问题的学习宜采用这种探究类型。比如"水资源及其合理利用""化肥及其使用情况""火灾原因及其防火和灭火方法"等，都可以先组织安排学生进行调查研究。

2. 实验

作为一种研究方法，实验通过探究条件与现象之间的因果关系进行。利用实验开展研究时，需要通过控制和改变一些条件来引起不同的实验结果，从而确定条件与现象之间的关系。在具体实验中，学生可设计实验探究方案，比如，对燃烧条件进行的探究、对物质溶解速率影响因素进行的探究等。

3. 模拟

模拟，顾名思义，指模仿研究对象，制作相应的模型并进行观察、分析，从而掌握研究对象的主要特征。

4. 文献研究

文献研究是针对特定的问题而进行书籍文献及音像等资料的检索和查阅，从而获得对研究对象的认识。通过互联网进行文献研究，将成为化学探究学习的一个重要形式，如"元素周期表和周期律的发现历史研究"主要是采用文献研究的方法。

5. 技术或形式设计

技术设计是指为了解决某个特定的问题而创造新产品或改进已有产品的行为。为了表达抽象的观念，宜采用文字、符号、图形、实物模型等形式化的表达方式。比如，与化学有关的"小发明、小论文、小制作"以及实验仪器或装置的改进等都属于这种探究类型。

(四）化学探究式教学策略

1. 创设问题情境的策略

问题最容易引起学生的兴趣，而且越接近生活实际、接近社会，越能够使学生产生探究的欲望。教师在教学过程中，如何将枯燥的化学课堂变得生动起来，使学生能够津津有味地跟着教师的思路走下去，需要有效的策略，策略之一就是创设问题情境的策略。通过源于学生生活的问题和引人思考的提问，将要学习的课程知识以精心设计的问题引出，会达到较好的学习效果。这些问题可以是生活经验的思考，也可以是社会热点的反思等。

在初中化学教学中，将教材中知识点与生活实践相结合形成问题是一种常见的提问方式。这些问题可以激发学生思考，还可以使学生养成化学思维，提升自主探究的意识。例如，在学习化学元素"钙"时，可以这样提问：为什么老年人容易发生骨质疏松呢？在学习"锌"和"碘"时，可提出甲状腺疾病发生的原因等问题。引导学生根据所了解的化学知识来思考这些问题，这样带着问题学习，学习效果将会大大提高，也锻炼了学生的自主思维能力，对于培养化学核心素养具有重要作用。

2. 启发学生形成假设的策略

让学生自己猜想和预测结论，而不是直接告诉学生答案，通过这样的探究过程，锻炼学生的发散思维、类比思维和逆向思维。

3. 把握探究开放度的策略

教师注意观察和把握学生的兴趣，因势利导，让学生对自己感兴趣的问题进行探究，或者集体拟定一个或者多个题目进行探究。这些问题可以紧密联系、逐步深入，引导学生分层次、分步骤探讨复杂的问题，使学生养成深入探究、自主解决问题的思维习惯。

4. 研讨交流的策略

主要是引导学生开展讨论交流，根据收集的资料进行研讨，使学生充分表达自己的认识、想法等。让学生在研讨中自己找到答案、得出结论，鼓励学生多思考、多交流，对同一问题采用多种形式进行探究，使学生学会倾听和借鉴他人的意见。

四、化学学科价值追求

化学的力量已经为人类所高度认可，对人类的发展进步做出的贡献非常大。现实生活的衣食住行处处离不开化学，火箭上天、蛟龙入海等高科技发展更与化学密切相关。可以说，学习化学是非常有用的，对于学生认识世界意义重大。现实中，刚刚接触化学的初中生却似乎对化学并不是太感兴趣，甚至认为化学知识学习枯燥无味，有的学生厌学或者逃避学习化学。这与化学学科教学中学科价值观缺乏有关。所以，化学教师应该身体力行，在化学教学中树立正确的认识观念，并引导学生认识化学的重要性，树立高尚的化学科学价值观，从而让他们热爱化学，愿意学习化学。

（一）奠定学生的科学素养基础

无论将来成为化学家、生物学家、地学家、工程师、物理学家等，还是成为工业、保健科学或农业技术人员，甚至各行各业的管理人员，即便是普通职业工作者，中学化学教育都是一个基本的科学素养。因此，中学生学习好化学非常重要，这将为每一名学生适应社会发展和完善自身提供基本品质及能力。每一个公民都离不开化学，都需要懂化学。因此，有专家指出，化学科学素养影响每一个人的一生，而不仅仅是学生阶段。化学教学为学生带来化学知识、技能和方法，培养学生在思考和解决科学、技术、社会和生活等方面的有关问题时，能够应用化学知识与技能，比如治理环境污染等，并养成绿色化学观念，在解决社会问题的挑战时，制定科学的方案。

（二）完善学生的理性思维结构

开展实验是化学学科学习的重要特点和重要方法。将实验方法和理性思维方法相结合，推动科学发展。拉瓦锡的燃烧学说就是以实验为基础，同时应用抽象概括的思维方法，总结出现象背后的本质；道尔顿的原子论，也是实验和推理总结相结合得出来的科学结论。这样的科学方法对于学生理性思维结构的形成具有十分重要的引导意义。科学理性的思维方法对于寻求真相作用关键。因此，教师在平时的教学过程中，要有意识引导培养学生养成理性的思维方法，形成理性的思维结构，如观察、实验设计、数据处理、类比、归纳、假设论证等，这对于学生化学核心素养的形成意义重大。

（三）让学生形成基本的化学观念

化学知识可能随着时间的流逝而逐渐被遗忘，学生时期形成的化学观念却能够长久留在学生的记忆里，使他们受益终身。比如微粒观，有助于学生从原子与分子微观角度认识物质。再如元素观，元素周期表中百余种元素按照原子核内质子数的递增排序。同时，结构决定性质的观念，使学生认识到结构的复杂性造就了物质的丰富性、多样性。再就是化学反应问题，这是化学研究的核心问题，也是科技创新的关键问题。通过化学反应，合成新的物质，这是人类改造世界、促进发展的有力手段。比如，化工生产就为人类创造了诸多的财富。

第二节 新课堂教学策略

一、基本化学语言

（一）语言规范化

每一门学科都有自己特色的语言表达，化学学科也一样。学生要学好化学，需要先掌握化学语言。教师在教学中，要有重点的强化化学语言的应用，而且要正确应用，做到严谨细致，这样才能够给学生带来正确的引导和良好的影响。比如说"分子式"就不严谨，而应该说"化学式"等。

基本化学语言是化学学科核心素养的重要部分，学生应该用心掌握。初中学科刚接触的化学语言还较简单，但随着学习难度的不断加深，化学语言会越来越多。若在基础阶段就形成错误的化学语言习惯，则在后期还需要用更多的时间去纠正用法。因此，教师首先要严格要求自己，在教学过程中注意正确使用化学语言，尽可能规范、准确。

（二）加强分析比较

化学语言由于种类比较多，而且比较抽象，容易产生混淆。甚至有些学生在初中化学结束后都弄不清楚某些化学概念的真实意思。所以，这要求教师在第一次遇到不易理解的概念时就要注意做好解释，尤其是容易混淆的概念。比如"白烟"与"白雾"的区别，前者指的是固体的小颗粒，而后者则是小液滴。

(三) 加强学生反馈

反馈是教师了解学生对化学知识掌握情况的一个重要途径，尤其是化学语言的反馈，能够准确反映学生的学习情况。化学语言不仅要了解，还要做到"会写、会读、会用"。其中，"会写"是指化学书面语言的使用，最常见的错误是化学符号使用错误以及专用名词错误。在学生初学化学符号时，容易犯的错误就是大小写不分，如把 Na 写作 NA，把 CO 写作 Co。还有另一类是因为不能正确使用元素化合价而导致的错误，如把 Na_2CO_3 写作 $NaCO_3$ 等。

对于这些易错的地方，教师需要多次反复强调。而学生在专有名词上犯的错误，大多是出在错别字上。例如，将"试管""活性炭"等写错。学生虽然能正确读出这个专有名词，但写的时候写成错字，这个就需要教师在批改作业时仔细检查学生的化学用语正确与否。掌握正确的化学语言是学习化学的第一个重要分化点。如果在初中学习中无法正确掌握化学语言，则后面的化学学习就会变得困难，而且被动。为了防止出现这种情况，初中化学教师在一开始教授化学时，就应注意学生的反馈，在每次批改作业时发现学生的薄弱点，及时消除错误、澄清概念，使其不影响后面的学习。

加强反馈的另外一种途径就是在教学中增加学生回答问题的机会。因为会写不代表会读，如 Fe_3O_4 读作四氧化三铁而不是氧化铁，OH^- 读作氢氧根离子而不是氢氧离子。化学语言的使用没办法全面体现在书面上，因此教师需要通过多关注学生，多与学生交流，根据学生的反馈情况，敏锐地发现学生问题并及时改正。

二、微观概念

(一) 应用多媒体

微观世界与宏观世界不一样，可拿具体的事物来教学。微观世界的变化以肉眼无法辨识，造成化学学科学习困难的一个难点在于学生微观概念的建立以及正确理解微观与宏观的联系。但现代多媒体技术给化学教学提供了非常好的教学工具。因此，要研究化学，必须借助仪器和现代科技手段，化学反应过程可以通过多媒体清晰明了地显示出来。通过多媒体信息技术，可将难懂的概念和理论转变为具体和易理解的知识，将微观变成宏观景象。例如，对于电解水的这个知识点，学生通过实验可以知道，水被电解后会生成氧气和氢气。这只是宏观的表现，那微观世界到底发生了什么变化呢？虽然教科书有显示水分子分解的示意图，但毕竟是静态图示，而水分解再组成新分子是一个动态过程。这时，通过多媒体动画演示动态过程，就能帮助学生认识微观概念，大大降低教学难度，对于学生化学学科核心素养的形成很有帮助。

（二）采用类比教学

微观概念作为化学核心素养的基础部分，同样也是一个教学难点，而类比教学的方法可帮助学生有效理解掌握复杂的概念，使学生从类似的真实世界中了解抽象的事物。所以，学习微观概念，可通过联系生活中的常识或已知的知识类比以便于理解。例如，对于热胀冷缩这个知识点，常犯的错误是把分子间距离变大理解为分子受热体积变大。这时，教师就可以用"原本靠得比较紧的学生们，因为天气变热，所以站得距离远一些"来类比，让学生充分理解热胀冷缩并不是分子体积增大，而是分子间距离增大。

三、常见元素知识

（一）建构知识网络图

素养不等于知识，但知识是构成核心素养的基础。教师在学科教学的时候，可能对每一个知识点、每一种化学物质或特性是分开教授的，但实际上这些知识点是紧密联系在一起的。

比如，教科书把每个元素知识分散到各个章节，但元素周期表是一个完整有机联系的整体。因此，教师在教学时，应将各个知识点联系起来讲，不能孤立地讲，这样把知识点串联起来，形成知识网络图，更加便于学生理解化学各个知识点的内在联系。例如，科教版的化学教材把碳单质一氧化碳和二氧化碳的学习设计在"组成燃料的主要元素——碳"这一节中，而把碳酸钠、碳酸氢钠等物质的学习放在"常见的盐"这一节中。学生学习完碳元素的相关知识后，应该进行系统复习。元素的知识特点总结起来就是繁多和复杂。单个的元素知识点不难，但要把初中阶段所学的所有元素都联系起来，就需要教师在引导学生建构元素的知识网络上多花心思。这对于学生学习化学、为以后打好基础大有裨益。

（二）联系生活实际

其实，化学与生活联系非常紧密。有些学生认为化学抽象难学，是因为他没有将化学与生活联系起来。创设贴近生活的情境，会使学生对化学学习产生浓厚兴趣，调动求知欲望，激发学生动力。例如，在"金属和金属材料"这一章的学习中，学生要一次性学习钠、镁、铁、铜等金属元素的物理、化学性质。学生如果死记硬背元素的性质，那么学习将会变得困难而且无趣。所以，教师可通过巧妙设置生活情景，把元素知识带入，这样就会使学习记忆过程变得轻松有趣。

情景一：现在网上购物有不少假货，最近老师在一个网上店铺买了几款金属首饰，店铺承诺是真货，但是收到货后总觉得不放心，有什么办法知道真假吗？

教师：引导学生归纳金属的物理性质。

情景二：买回这些首饰的几个星期后，教师再拿出这个首饰，发现它们有些变黑了，有些变红了，为什么会有这样的现象呢？

教师：引导学生学习金属与氧气缓慢反应的化学变化以及防止金属生锈的措施。

情景三：教师查阅资料后发现，市面上有些商家用黄铜（铜锌合金）冒充黄金做首饰，欺骗消费者。同学们帮忙想想办法，如何用化学方法来辨别真假黄金？

教师：从不同金属在同一种酸中反应的激烈程度来引出金属活动顺序的学习。

（三）利用化学实验

化学实验可以加深学生的印象，帮助学生很好地理解和记忆化学知识。有人说，知识更新很快，现在学的知识也许几年后就陈旧了，因此知识仅仅是培养能力和素养的载体。通过实验介绍元素知识的教学，是给学生一个探究化学的科学机会，让学生对化学元素有更深层次的思考。如果有条件，那么要尽量让学生动手做实验。让学生亲身实验，直接深度参与，不仅会让学生对实验过程有足够的思考，也能帮助学生对实验过程和结果留下深刻的印象。虽然多媒体演示实验实施起来简单，但实验的录像都是标准的实验过程，实验结果也是确定好的。而在学生实施实验的过程中，稍微改变实验条件，或有所偏差，也许就能有不一样的实验结果。例如，在澄清石灰水通入二氧化碳的实验中，二氧化碳通入过多，会出现沉淀消失的现象。这就与碳酸氢钙的相关知识联系起来了，教师可借机开展元素知识的深入教学。

四、物质变化与守恒

（一）学科间相互联系

物质守恒是化学学科必备的素养，它包含了化学反应过程中物质守恒等基本观念。很多化学问题的解决需要用到这一观念，因此学生必须首先对物质守恒有正确清晰的认识。学生在学习化学的时候，对其他学科已经有了一定的基础认识。因此，要培养学生的物质守恒素养，可以利用其他学科已有的知识来进行类比迁移，使得学科间相互渗透、相互联系、相互促进。例如，对于质量守恒定律的教学，质量守恒定律是初中阶段物质守恒知识体系中的一个重要内容，教师在讲解这一章节内容的时候，可联系学生先前学过的物理内容——能量守恒定律。它们具有相通之处，有助于学生的理解掌握。从能量守恒定律联系到化学中的质量守恒定律，学科间的相互融合渗透，可以使学生更好地了解自然科学的守恒定律，达到触类旁通的效果。

（二）追根溯源，反映本质

化学核心素养是学生正确、科学地认识世界的基础，不管以后是否从事与化学相关的职业，这一点都十分重要。化学学科与其他学科一样，都是在寻找真相、发现本质，化学的核心素养就是帮助学生更深刻、更全面地认识物质及其变化的本质。而在现在的守恒学习中，教师大多从枯燥的化学元素知识入手，通过直接传授知识的方法，让学生记住这一定律，再将这一定律运用到做题中。这种死记硬背的方法不利于学生理解本质，让学生不能更透彻地学习知识，无法形成学习化学反应的正确观念，导致学生无法正确运用学到的知识。如果头脑中没有形成对化学反应、物质守恒的正确认识，那么题目再换个方式提问，学生就无法正确回答问题。因此教师务必引导学生首

19

先弄明白化学物质反应的本质是什么。

五、处理信息能力

（一）选用有效信息

信息社会，处理信息的能力也是培养化学核心素养的必然要求。学生在化学学习过程中，要能够根据自己的学习要求，从新闻、题目、文章、图表中提取有效信息，并进行处理运用。教师可结合平时学生身边的各类信息，创造不同的情景来训练学生处理信息的能力。例如，在编排"氨"的教学时，可以利用新闻展开。

情景：前几天，北京某一食品加工厂冷冻间的管道意外发生了泄露，泄露的液态氨一遇空气，瞬间挥发成白色气柱，四周飘散着一种强烈的刺激味道，让人呼吸难受。消防员通过向空中喷水来稀释泄漏的氨气，加工厂内十分寒冷，连水都冻成了冰。

教师：冷冻车间的氨气泄漏造成了这次事故，那么同学们，你们知道液态氨在冷冻车间有什么用途吗？

学生：制冷剂。

教师：对，那么液氨为什么会有制冷作用呢？新闻中的白色气柱又是怎么形成的呢？

学生（思考后回答）：液体物质挥发成气体会吸收热量，当液氨挥发成气体时，吸收了大量热，所以形成了白色气柱。

教师：从这则氨气泄漏的新闻里，你们能不能推测出氨气有哪些性质？

学生：刺激性气味。

教师：从消防员的处理方法来看，他们用水枪稀释空气中的氨气，说明氨气有什么性质？

学生：氨气易溶于水。

（二）合理设计课后作业

为了培养学生处理信息的素养，教师可以在课后布置一些与计算机网络相关的开放式任务。这样，不仅能提醒学生从互联网上获取知识，也能促使学生养成自学的理念和习惯。另外，教师还能布置一些需要从生活中处理化学信息的任务。例如，在学习完"化学元素与人体健康"一节后，可让学生去观察和比较不同零食上的营养成分，将所学知识与生活联系起来，真正学会从平时生活中了解化学信息。

六、化学学习能力

(一) 学习目标明确具体化

培养化学学科的核心素养是化学学习的目的，有了目标才能够实现高效率的学习。所以，要培养初中学生的化学学习能力及核心素养，学生要明确知道自己学习的目标是什么。教师在设定目标时也需要尽可能做到明确、具体。这样的目标不是宽泛长远的，大目标需要存在，但也需要细化目标，细化到每一天必须达到的小目标，每天完成多少化学学习任务。学习目标就像一个灯塔，引导学生在学习化学时，有个明确的方向，让学生知道努力的方向和目标，这样才能去探索、去实践、去创新、去总结，逐渐养成自主学习化学的习惯。这种初中化学需要养成的良好素养，可以保障学生将来离开学校后，仍然能够保持化学知识自学。

(二) 优化化学学习方法

好的学习方法可以达到事半功倍的效果，而不得当的方法则适得其反。培养学生掌握科学的学习方法非常重要。将分类、比较、类比、归纳、演绎推理等一些有效的科学学习方法应用在化学学习中，必将大大提高学生的学习效果。在平时教学中，教师也应有意培养学生自主学习，引导学生自己思考，教会学生以科学的方法进行学习，避免死记硬背化学知识，加强互动，提高学习效率。

(三) 强化自主学习习惯

"习惯越自然越好，能力越强越好。"积极的学习态度、良好的学习习惯对化学学习很有帮助。课堂教学中，教师应从课前预习、课堂做笔记和课下及时复习三个环节引导学生养成好的习惯。预习是第一环节，通过预习，学生可以把握知识的重点、难点，知道课堂重点需要解决的内容，带着问题听课，把注意力集中在不懂的问题上。教师可在教学设计中精心设定问题，让学生提前思考问题。课堂做笔记的习惯不是指学生盲目地记录教师说的每一句话，而是必须经过思考，补充书上没有的内容，或是将重点、难点进行整理。学生做笔记的习惯也需要教师长期的坚持，一开始教师需要引导学生做笔记，该做笔记的时候提醒学生，并在多媒体或黑板上把重点、难点整理出来。整理笔记还可再次强化记忆、梳理知识点。同时要求学生温故知新，按时复习学过的课程和知识点。

七、实验探究能力

（一）创设实验条件

培养学生的实验探究能力，需要化学教师注意创造开展实验的条件，让学生参加课堂实验过程。教师通过合适的引导，让学生通过合作交流，自主提出实验假设，制定合适的实验方案。若方案合理，则再进一步引导学生动手实验，并通过实验得到结论。如果有条件在课堂上进行实验，那么尽量做到让每个学生都参与其中；若不具备全班性实验操作条件，那么也尽量提高学生对课堂实验的参与感。例如，在进行演示实验时，教师可让学生上台来做教师的"小助手"开展实验。一方面，小助手可帮助教师演示实验；另一方面，小助手在操作过程中，如果出现操作不对的地方，那么教师可以对错误操作进行更正，提醒其他学生正确的操作方法。

（二）注重实验操作

实验操作能力作为化学学科基本素养，具有重要意义。无论教师强调多少遍实验规范操作，学生在进行实验时，还总是会暴露实验操作不规范的问题。实验课是学生掌握实验操作的主要途径，对有些学生暴露的问题，教师没有及时进行纠正，就可能让错误操作养成习惯。因此，教师应重视每一次实验操作，要求学生按照标准程序进行操作。

让学生一开始就树立正确使用实验仪器的观念意识，养成正确的操作习惯。教师在实验课上，要带领学生练习好药品的取用、试管的使用等一些基本的操作规范，打好基础，掌握这些基本技能后，再进入实验。例如，加热高锰酸钾制氧气的实验，是初中阶段接触的稍复杂的实验，会遇到组装仪器、添加药品和加热等操作步骤。每个步骤都需要注意一些具体事项，刚开始宜引导学生分步骤进行操作。让学生进行分步单项练习，当学生掌握了每个分步操作后，再进行完整的实验操作。这一方面可以保证实验顺利进行，给学生操作成功的满足感；另一方面，可以规范学生的实验动作，提升学生的实验技能，为学生的实验操作技能打下牢固的基础。

（三）引导实验探究

提出问题、做出假设等环节也是实验探究的组成部分。在一个完整的实验探索过程中，也不是每个环节都是必需的。实验具有灵活性，学生可以灵活选择实验中需要的环节。在实验过程中，引导学生的探究过程也很重要，对于培训学生养成实验探究思维具有很好的促进作用。

现在的实验课堂存在这样的现象：教师一般会在上课前把下节课要做的实验课题布置给学生，让学生只需按照书上的实验步骤将实验重复出来，最后根据实验现象填写实验结果。对这样的实验探究过程，学生不需要进行思考，学生参与的环节只有实验操作环节，不利于养成实验探究的整体能力。初中阶段，学生能进入实验室进行实验操作的次数不多。既然如此，教师就应珍惜每次机会，从提出问题、做出假设、设计方案到最后的得出结论、反思讨论，每一个环节都让学生参与其中。同时，教师作为引导者，要引导学生思考，引导实验探究顺利进行，让学生参与整个过程，使学生整体的实验探究能力和科学的探究思维能力得到提升。

八、科学态度与绿色化学思想

（一）渗透科学态度与绿色化学思想

价值观是核心素养的一个重要方面，对一个人的一生影响深远，对社会发展意义重大。就初中化学学科来说，需要培养学生的科学态度和绿色化学思想。心理学家研究发现，学生的情感态度是一直随着认知的发展而发展的。因此，化学中的价值观态度教学要以"化学知识"为基础，教师要在课堂中渗透对科学态度的培养。同时，绿色化学思想也需要在教学中有所体现，渗透在教学中，为学生树立保护环境、节约资源、科学持续发展的绿色化学观念。例如，在学习"空气的组成"这一章节时，让学生明白人类的发展对环境污染的影响，如汽车尾气和工业废气的肆意排放导致空气中含有过多的SO_2、氮氧化合物、可吸入细颗粒等，导致多地区雾霾现象发生，空气污染日渐严重,严重影响人体的健康。通过在课堂中对空气污染问题的讨论,加强学生环境保护的意识。

(二)践行科学方法和绿色化学行为

在实验过程中,有时会遇到实验现象与教科书描述的现象不同的情况。这时,教师应教导学生规范实验操作,尊重实验事实,不能违背实验现象,不是单纯地复述教科书上的文字,而是实事求是,真实记录实验现象。例如,在做氢氧化钠和硫酸铜的反应实验时,实验结果应该是有蓝色的氢氧化铜生成,但如果配制的硫酸铜溶液浓度过低的话,则溶液就会出现绿色沉淀,而不是教科书上展示的蓝色沉淀。这时,教师应带领学生一起分析造成这个现象的原因,得出正确的结论。在这个过程中,可以树立学生正确对待实验的科学态度。

同时,教师应引导学生在化学试剂选择、回收、尾气处理等方面体现绿色化学原则,考虑环境保护。实验中节约试剂,实验结束要将有毒的物质处理后再排放,并妥善回收可利用废弃物。例如,酸液能够用来去除厕所里的水垢等。

第三节 化学实验教学策略

学生实验的目的是通过实验巩固所学的理论知识。学生应学会规范操作,掌握实验方法和技巧;学会正确选择、安装、使用各种实验仪器。掌握观察、分析和测量数据获得结论的方法以及自主探究、解决问题的能力。除此之外,学生实验的目的还在于通过实验实践活动,培养学生求实、求真、实事求是的科学态度和相互协作、共同进取的团队精神,以及培养学生敢于创新和开拓的精神。

一、化学实验的基本特点

(一)实验内容与理论知识相联系

学生的实验内容往往与课堂教学中教师的理论讲解紧密联系,两者完美结合,相互促进。

（二）主体性与主导性相结合

学生实验主要靠学生主动参与、自主决策、自我体验，学生始终处于实验活动的主体地位，但这并不意味着教师可以对学生放任自流，相反，教师应加强指导，确保学生安全、顺利进行实验。

（三）重复性

学生进行的实验大多是教师在课堂已经演示过的，学生仅是重复做一次。另外，化学课程标准中要求"学会""熟练"的实验技能，大多需要结合具体内容分散在各个实验中反复训练，以达到熟练的程度。如"排水集气法"这一操作技能，就是分别安排在氧气、氢气、甲烷、乙烯、乙炔的制取等实验中进行反复训练的。

二、化学实验要求

（一）实验前充分预习，做好预习报告

充分预习和准备对于做好实验非常有帮助，教师应引导学生对实验教材和相关资料提前进行学习，让学生明确实验的目标和要求，明确实验的方法及原理，明确仪器装置的操作方法，明确本实验中自己应掌握的技能。在此基础上，还应让学生撰写相应的预习报告，明确实验目标、原理、实验步骤等。

（二）实验中认真务实

给学生强调实验的严谨性和规范化，要求学生严格按步骤进行，在实验中必须做到以下几点：

看：仔细观察实验现象，包括气体的产生，沉淀的生成，颜色的变化及温度、浓度等变化。

想：认真思考、分析实验的现象，尝试解决问题，由表及里，对表面现象进行理性分析，训练学生思维能力。

做：勤动手，从而学会实验基本方法和操作技能。

记：注意全面准确记录实验的现象和有关的数据，培养良好的习惯。

论：善于对实验中产生的现象进行理性讨论，对实验方法的选择和条件控制的利弊做出正确的评价。

（三）实验后认真总结，写好实验报告

分析、表达、总结实验结果，形成书面报告。报告简明扼要，语句通顺，结论明确，格式统一。实验报告的内容应包括：

1. 实验名称、实验日期。
2. 实验目标：写明本实验的要求。
3. 实验原理：简述实验的原理及反应的化学方程式。
4. 实验步骤：以箭头、方框、表格等清晰表达实验过程。
5. 实验结论：实验数据处理及结果表达。
6. 实验讨论：对实验进行小结，包括对实验条件与结果的讨论。

（四）实验安全要求

凡是在实验室操作的学生必须重视安全问题，严格遵守实验室安全守则，以避免事故的发生，确保实验顺利进行和实验安全。

1. 了解实验室的环境，清楚总电源及灭火器、消防栓等器材的摆放位置及使用方法。
2. 不可品尝任何药品及直接闻药品的气味，不可用肢体直接接触药品。严格按用量取用药品，特别是化学反应比较剧烈的更要严格控制药品用量。
3. 不得私自将药品带进或者带出实验室。有毒物质不得随意倒入下水道，应交给教师处理。
4. 不得任意混合各种化学药品，也不得研磨氯酸钾、高锰酸钾、硝酸钾等强氧化剂以及它们的混合物，以免发生意外。
5. 对可燃气体，未验纯前严禁接近明火，点燃纯的可燃气体时要防止回火。
6. 对氯气与氢气等的爆炸反应要控制气体用量和选择适当材料的反应器。
7. 实验中的有毒尾气必须想办法除去，以防污染空气。
8. 注意实验中通入气体与加热反应器的顺序和从液体中移除导管与停止加热的顺序。
9. 严禁在未熄灭酒精灯的情况下添加酒精，严禁用一盏酒精灯去引燃另一盏，严禁用嘴吹灭酒精灯。
10. 加热玻璃仪器时外壁不能有水，要受热均匀。热的仪器避免冷水冲

洗，也不能置于冷的易传热的物体上。

三、学生实验指导策略

实验前，引导学生明确实验目标、要求及有关注意事项。注重采用启发的方式，引导学生通过思考掌握实验要点。对于学生首次接触或难度较大的实验，教师还要为学生做示范，讲解要领及注意事项。实验中，教师尽量不过多讲解，因为这样可能会影响学生的情绪，效果也不好。一般仅就共同的问题，如实验的操作及安全事项，在全班做统一提示。实验开始后，教师应该把工作的重点放在对学生的个别指导上。注重安全问题，引导学生注意观察要点。如反应中的特殊现象，生成物特征性质的体现，以及如何判断实验进行的程度等。当学生观察到不同的现象或实验失败时，教师应引导学生分析，找出原因，师生共同谋求解决办法，使实验获得成功。指导学生做好实验记录，实事求是地记录实验现象和数据，不能任意修改或抄袭他人的实验结果。布置学生做好实验结束后的工作。如洗涤仪器，摆放好药品及器材，将废液、废渣倾倒在指定地点或进行处理，搞好实验室的卫生，切断水、电和煤气，关好门窗等。

学生操作结束后，教师要在实验结果处理方法方面加强指导，具体内容包括：（1）获得结论。根据在实验过程中观察到的现象、记录的数据，进行归纳、分析和数据处理，得出正确的实验结论，写出完整的报告。（2）知识构建。根据体会和感悟已有经验，通过推理演绎从而获得规律性知识。（3）知识拓展。针对实验过程中出现的问题，提出有待于进一步探究的课题。

学生实验课教学案例：浓硫酸的性质

（一）学习任务分析

教学重点：浓硫酸的吸水性、脱水性和强氧化性；SO_2的检验。

教学难点：浓硫酸的强氧化性。

（二）学习者分析

学生已经学习了浓硫酸的性质，并观看了教师的相关演示实验，对浓硫酸的特性已有一定的认识。但是对浓硫酸的吸水性、脱水性和强氧化性，还需要通过实验来检验、巩固，进一步加深认识。

（三）教学目标

1. 知识与技能

掌握浓硫酸的特性，训练学习溶解、搅拌、加热等基本操作技能。

2. 过程与方法

体验研究物质特殊性的过程；掌握浓硫酸的稀释方法；了解防止有害气体污染的方法。

3. 情感态度与价值观

形成较强的环保意识和实验安全意识。

（四）实验用品准备

1. 实验仪器：试管、烧杯、铁架台、酒精灯、滴管、玻璃棒、纸屑、棉花。

2. 实验所需试剂：浓硫酸、盐酸、蔗糖、铜片、品红溶液、Na_2CO_3溶液、Na_2SO_4溶液、$BaCl_2$溶液、$CuSO_4 \cdot 5H_2O$。

（五）实验教学过程设计

[检查预习报告]

教师：我们学习了浓硫酸的有关性质，了解了它具有吸水性、脱水性和强氧化性，这些性质具体有什么表现呢？这节课我们将通过实验来了解浓硫酸的性质，同时学习检验硫酸根离子。大家知道，实验预习是一个不可忽视的环节，现在我来检查一下大家的预习情况。（巡视检查学生的预习报告）

教师：大家的预习报告做得很好。但需要提醒大家注意的是，预习时不能仅仅限于实验目标和实验步骤，还要考虑实验过程中应该注意的问题。

[提问注意事项]

教师：这次实验有一项内容是浓硫酸的稀释，那么，浓硫酸的稀释和其他浓溶液的稀释有哪些不同呢？

学生：在浓硫酸稀释过程中，一定要把浓硫酸缓缓地加入水里，而在以前稀释其他浓溶液时可以直接把水加注在溶液里。

教师：对，此时一定要注意，必须是将浓硫酸注入水里，否则将会发生危险。这是为什么？请大家仔细考虑，课后把这个问题回答在实验报告上。

教师：在做浓硫酸的氧化性实验时，大家是否注意到，玻璃管口处堵上

一团蘸有 Na_2CO_3 溶液的棉花,这样做的目的是什么?

学生:因为浓硫酸与铜反应会产生 SO_2 气体,SO_2 会对环境造成污染,所以用 Na_2CO_3 溶液来吸收。

教师:这样做是为了保护环境,防止造成污染,还可以采取什么措施来吸收 SO_2?

学生:也可以把导管引入装有 NaOH 溶液的烧杯里。

教师:很好,有害气体一定要进行吸收处理,不要随便排入大气中,以免造成环境污染。(通过提问,教师一方面可检查学生预习情况,另一方面还可以让学生通过自己的积极思考来理解和掌握实验内容以及有关的注意事项。这样组织教学比单纯地把实验内容和步骤一条一条地讲给学生效果要好得多)

教师:大家现在开始做实验。实验过程中要注意安全,操作要规范,一定要做好观察和记录,并思考为什么会出现这些现象,为什么要这样操作,出现问题要及时报告教师。

[学生实验,教师巡视指导]

教师要注意观察学生是否严格按照实验要求进行实验,操作是否规范。若出现错误,要及时加以提醒和指导。

[实验总结]

实验结束后,教师要及时总结实验过程中出现的一些有代表性的问题,回答学生的疑问,布置完成实验报告。

[整理实验室]

教师要组织学生打扫卫生,完成仪器清洗、台面整理等扫尾步骤,以保持干净整洁。

第四节　家庭化学实验教学策略

家庭实验是实验教学的延伸,是学生借助日常生活用品、药剂和代用仪器进行的简易化学实验。家庭实验不仅有利于促进学生自主学习,培养科学探究能力,而且具有灵活生动、贴近生活实际的特点。所以,学校和教师应重视家庭实验，像对待演示实验和课内学生实验一样，搞好家庭实验。

一、家庭实验的基本特点

家庭实验具有灵活性、兴趣性和自主性等特点，易于开展。

（一）灵活性

课堂实验教学一般严格按照课程标准要求进行，具有相对稳定的内容和形式。家庭实验则不受教学计划的限制，它可以依据学生的兴趣爱好以及实际条件进行，内容多样、形式灵活，可以是个人单独进行，也可以是小组或集体进行，而且不受时间、地点等的限制。

（二）兴趣性

家庭实验可以根据学生自己的兴趣、爱好进行。由于实验的内容和形式均是学生比较喜欢且由学生自主选择的，所以学生兴趣很大，积极性很高。

（三）自主性

家庭实验是学生在家里进行的，实验内容可以与课堂教学同步，也可以是课堂教学内容的扩展，这个可由学生自主决定。

二、家庭实验教学要求

（一）实验准备

家庭实验的准备分为知识准备和物品准备。

知识准备：学生根据实验任务提前查阅资料，了解原理，做出翔实的实验方案。例如，学生要完成"点火成'黑蛇'"这一家庭实验，必须弄清以下知识：蔗糖是由碳、氢、氧三种元素组成的物质，受热分解为碳和水；碳酸氢钠受热时能分解成碳酸钠、二氧化碳和水；实验中烟灰的作用是催化剂，酒精的作用是燃料。学生只有弄清反应原理才能设计出科学可行的实验方案。

物品准备：家庭实验中的大多数物品学生一般都可以自己解决，如果实在找不到，可提醒学生寻求教师的帮助。对那些学生实在找不到或买不到的化学药品，教师可统一发放，以保证布置的所有家庭实验都能顺利完成。

（二）明确要求

家庭实验是学生在家里独立完成的，由于教师不在现场，因而学生在实验时少了束缚，有利于发挥学生的主观能动性和聪明才智。但是，由于学生在知识、能力等方面存在许多不足，他们在实验时往往带有较大的随意性。为此，教师必须从材料准备、操作要求及安全事项等方面提出要求，以使每个学生都能完成任务。下面以"观察蜡烛的燃烧"这一家庭实验为例，探讨教师应如何对学生进行指导。

实验内容：首先观察一支蜡烛，然后点燃几分钟后熄灭。观察并记录蜡烛燃烧过程中的现象。对于该实验，教师可向学生提出以下要求：

1. 观察蜡烛及蜡烛燃烧的方法（由整体到部分或由部分到整体，即指出观察事物的方法）。
2. 观察蜡烛燃烧过程中的物理变化——"流泪"。
3. 观察蜡烛燃烧中的化学变化（蜡蒸气的燃烧）。
4. 观察蜡烛火焰的构造及亮度差异。
5. 必须在安全的地方点燃蜡烛。

为了使学生认识到蜡烛火焰是蜡蒸气在燃烧，可进一步问学生以下问题：

6. 将一支烛芯较粗的燃着的蜡烛吹灭后，观察到什么现象（比如，有较多的白色烟雾）？
7. 在刚吹灭蜡烛的瞬间，用燃着的火柴在距烛芯 1cm 左右的高度去点蜡烛（点蜡蒸气），有什么现象发生？
8. 最后还可向学生提出一个思考题：为什么用火柴不易点燃一块石蜡？

（三）加强指导

实验前，教师从实验方案、药品用量、操作顺序方面检查学生家庭实验准备情况，发现问题及时予以纠正。还要特别注意安全方面的指导，防止发生安全事故。

（四）强化评价

进行验收和评价是总结提升家庭实验效果的有效方法，对于开展下一次的家庭实验具有指导意义。教师及时进行验收评价，可起到检查和督促作用，又有利于强化学生的实验积极性。不同的家庭实验，可采用不同的检查方式，如实物验收、报告检查等，通过验收评价总结经验，分析失败原因。如果实验的目的是观察实验现象，探寻物质变化规律，则通常采用检查学生实验报告的方式对实验完成情况进行评价。教师通过认真审核实验报告的有关内容，如实验原理、操作步骤、实验结果记录以及结论等来评价学生的实验完成情况。评价结果及时反馈，促进培养学生科学、严谨的学习态度。

三、家庭实验教学策略

（一）家庭实验内容选择策略

在选择家庭实验上，应当注重科学性、趣味性和安全性，做到取材容易、操作简便、效果明显，根据教学的具体情况妥善安排。化学家庭实验的内容可以概括为以下四类：

1. 观察类家庭实验

大自然和生活中千奇百怪的现象，其变化蕴含着丰富的化学知识。如面粉发酵、洗涤衣服、大气污染等，都可以作为观察对象。这类实验可经常进行，对于扩大学生视野、培养观察能力具有较好的作用。同时要求做好观察记录，详细描述现象的发生条件，准确分析形成现象的化学原理，引导学生养成用化学知识解释大自然和生活中各种奇妙现象的习惯，从而提高学生的观察能力。

2. 补充类家庭实验

课堂实验教学，大多数是针对当时教学基本要求所设计的，内容特定，形式具体。因此，可利用家庭实验对课堂实验做必要的补充，拓展学校的实验方式，巩固学生的学习效果，加深学生对所学知识的理解和掌握。如指纹检测硬水分析、玻璃刻画等。这类实验不仅有实验的过程，还有实验的结论。这样一来，课堂教学的内容得到了丰富和补充，实验效果得到了延伸，学生的知识也得到了巩固和加强。

3. 研究类家庭实验

运用实验研究化学现象和规律，其方式方法较多，实验的目的在于帮助学生活用化学知识，并掌握基本研究方法。这类实验突出实验研究的创新性，引导学生开辟思维，用创新方法进行探索研究，创造性地设计实验方案。

4. 制作类家庭实验

动手能力对于初中生化学学习具有重要意义，因此可创造条件让学生根据要求自己动手制作一些物品。如自制叶脉书签、冰箱除臭剂汽水、石膏像等。进行这类实验活动时，绝不是限于一种单纯的制作活动，而是把制作活动与巩固有关的化学原理结合起来。如将制作叶脉书签与氢氧化钠的性质相联系；把制作汽水与二氧化碳的性质相联系。

（二）家庭实验组织策略

有个人和小组两种不同的方式组织开展化学家庭实验。个人实验一般操作简单，原料易得且价廉，安全有保障。如测定雨水的pH、白纸显字等。如果实验操作比较复杂，或者所需材料难找，此时可采取分组实验方式，即把全班同学每4~5人组成一个小组，组内同学共同完成实验任务，如"水中花园""变色溶液"等实验。

由于进行家庭实验所需的试剂、药品，一般都需要学生从家庭的日常用品中来寻找，所以，教师最好能设法帮助学生建立一个家庭化学实验室，这样就可以为学生提供一个深入学习化学和研究化学的园地。教师的组织工作可以围绕如何从日常用品中寻找替代用品、如何自制药品与仪器、如何在家中寻找适当的地方进行实验等进行。例如，将石灰浆和纯碱水混合搅拌后，放在火炉上加热至沸腾，过滤，将滤液蒸干即可得到氢氧化钠固体等；利用空饮料瓶做反应容器等。

第三章

化学生活化教学与化学核心素养

第一节 化学生活化教学的理论基础

一、化学生活化教学的来源

近现代,关于生活教育的概念,应是19世纪瑞士教育家裴斯泰洛齐最早提出的;美国教育家杜威在20世纪初提出"教育即生活"的观点;中国教育家陶行知依据中国教育现状,在杜威的理论基础上,形成了"生活教育"理论。

(一)杜威的实用主义教育思想

约翰·杜威(John Dewey)的教育思想主要体现在"教育即生活""学校即社会"以及"从做中学"。杜威认为,生活和经验是教育的灵魂,教育就是生活、生长和经验的改造。杜威针对当时美国教育弊端,批判传统教学给儿童灌输成人标准、教材和方法的错误做法。他指出,尽管优秀的教师想运用艺术的技巧来掩饰这种强制性,以减轻那种显然粗暴的性质,它们还是必须灌输给儿童。提倡改变局限于课堂、受制于书本的传统教学方式,提高教育效率。

(二)陶行知的生活教育理论

教育应尽的职责是为生活做准备。陶行知提出的"生活即教育"成为生活化教学理论的标杆,影响深远。陶行知先生毕生致力于人民教育事业,其教育思想和教育实践活动源远流长。陶行知的教育思想是一笔宝贵的精神财富，其核心就是生活教育思想。他将杜威的学说加以改造，不断发展，逐渐深化，形成了自己的思想，即"生活即教育""社会即学校""教学做合一"。陶行知认为生活就是一种教育，"从定义上说，生活教育是给生活以教育，用生活来教育，为生活向前向上的需要而教育。从生活与教育的关系上说，是生活决定教育。从效用上说，教育要通过生活才能发出力量而成为真正的教育"。在生活与教育的关系上，他认为"生活性是生活教育的本质内涵和应有之义。鲜活、真实的生活为教育注入了全新的生命活力，教育要通过生活的内涵才能发出力量，而成为真正的教育"。另外，国内一些知名教育专家、一线教育工作者也发表了一系列相关研究成果，比如2013年由孙成余所著《中学化学生活化教学研究》等，为化学教育生活化提供了理论基础。

二、化学生活化教学的基本原则

根据化学课程标准要求，化学教学要立足于学生适应现代生活和未来发展的需要，帮助学生认识化学与人类生活的密切关系。化学生活化教学应遵循一定的原则，如生活性原则、主体性原则、科学性原则、开放性原则等。

生活性原则。生活化课堂教学应建立在学生已有生活经验以及对现实生活感受和体验的基础上。学生解决实际问题的能力、自主学习的能力以及情感态度和价值观都与学生的生活密切相关，可以说是源于生活而又用于生活的。因此，教育要回归生活，必须注重学生的现实生活，从现实生活出发，从生活中选择教学的素材，在教学过程中紧密结合生活与社会，这样才能充分调动学生的积极性，鼓励学生主动参与教学活动，从而达到提升化学核心素养的目的。

主体性原则。生活化需要充分发挥学生的主体地位，充分调动学生的主观能动性和创造性，引导学生主动探究、主动探索。教师需要创设相对宽松和谐的氛围，建立融洽的师生关系，把学生学习的积极性、主动性、自觉性和创造性充分调动起来，这样才能充分发挥学生的主体作用。学生主观能动性强，自觉学习和认识物质，积极地参与化学学习，这样才能真正体现学生作为学习主体的优势,取得良好的学习教育效果。

科学性原则。在教学过程中,生活化情境的创设、所选择的生活化内容以及教学手段等要科学合理,坚持科学严谨的态度。应选择科学的教学内容,教师善于对生活素材进行选择,去粗取精,使得教学情境中所含概念、原理准确无误。应由浅入深、由易到难递进设计教学问题,对学生的思维能够起到启迪和引领作用。避免过难打击了学生的自信心和积极性,反而不利于问题的解决。教学情境应该真实,探索生活中遇到的实际问题,使学生保持注意力和研究的兴趣。

同时还应坚持开放性原则,主要是教学情境的设计应具有可持续性、教学问题的解决应具有可迁移性、解决问题的思维方式应具有发散性等;以实践活动达成知识的掌握和能力培养目标的活动性原则,以及善于挖掘与化学学科内容相关的人文教育的人文性原则等等。

三、化学生活化教学的基本方法

(一)教学情境生活化

知识建构理论认为,基于学生自身的生活经验,学生在生活与实践的活动过程中主动建构自己的知识体系。亦即对于学生来说,尤其是已经上初中的学生,他们在开始学习化学的时候并不是什么都不知道,而是在以前的语文、生物等课程学习中或多或少了解一些化学方面的知识,而且在日常的生活中,通过网络、书本以及与人交流的过程中也接触到一些化学方面的知识,虽然不系统、不全面,甚至是无意识的,但是的确已经逐步形成了他们对生活中一些现象的理解和看法;学习也就是学生在新发现、新思考与原有生活知识经验相互作用和相互补充中不断充实丰富完善的,是一个不断改造自己知识经验的过程。情境是达成意义建构的条件,因此教师应注意经常收集与生活相关的资料,创设生活情境,使学生学得有情趣,学有所得。在教学过程中,教师可通过利用新闻、经历等日常生活实际、化学故事、化学实验、音视频教育技术等几种方式来创设化学生活化教学情境,让学生感受生活中的化学,由情境引出问题,共同探究解决,达到提高学生解决问题能力以及提升核心素养的教学目标。

（二）课堂对话生活化

在课堂上教师与学生交流的过程中，应尽量选用生活化的问题情境，抓住学生的兴趣点和关注点，与学生进行对话，因势利导，以学生身边的事物和生活化的经验认识作为题材和教学的内容，尽量让对话源于生活中的一些实例，让学生感受师生对话的启发性或趣味性，而不是纯粹的专业知识传授。

（三）实践活动生活化

尽量为学生创造实践的机会，让学生在实践中丰富生活经验、体验学习乐趣。从生活出发选取实践活动的内容，结合学生的一些生活经验创造条件，比如让学生参与利用化学反应清除茶垢的探索实践以及制取氧气的化学实验等，通过引导学生进行实践活动，不断提高学生应用化学知识解决实际生活问题的探究能力和创新能力。

（四）教学内容生活化

在传统的教学过程中，教学往往以课本为纲，远离学生的生活与实践，学习的内容与生活实际联系不紧密，枯燥无味，学生不感兴趣，学习效果并不好。因此，作为化学教师，应多关注生活化的内容，有意将课本知识与学生的生活联系起来，注意培养学生的应用能力和创新意识。引导学生将学习到的知识去解决生活的实际问题。

（五）作业布置生活化

课后作业是巩固知识的一条重要方式之一。教师应重视课后作业的布置，作业应紧密结合生活，应突出个性化、活动化、生活化，不应脱离学生的生活经验，不应为了做题而做题，让学生对作业感兴趣，愿意主动完成作业。这样不仅可以使学生更加深入理解化学知识点，也能够使学生在学习化学的乐趣中，增强学习的信心与动力。

（六）化学实验生活化

作为一门实验性强的学科，化学学习离不开实验基础。同时化学实践性和应用性也很强。因此，应该将生活化渗透化学实验，全面提升化学教育的效果，推动学生化学核心素养的形成。在教学过程中，教师应注意结合社会现象、生活现象进行生活化实验设计。这些现象就在学生身边，学生们可以利用化学知识解决生活的问题，这使得学生能够感受化学的神奇和发挥的作用,将会激发他们探究的兴趣。同时,教师也应该结合工业工艺进行生活化实验设计,化学与社会工业生产有着密切联系,比如氯碱工业、海水提镁等工业生产。也应该结合医药卫生进行生活化实验设计,把药品、医药卫生与化学知识联系起来,与人类的健康联系在一起,增加学生对化学更深入的了解,充分认识化学的价值。

第二节 脱离生活的化学教学现状

本节我们将结合现实,从生活化的视角分析一下当前化学教学的现状,通过对化学教育脱离生活的现象的剖析和批判,从根本上反思和论证化学教育生活化的现实必要性和紧迫性。

需要强调的是,我们力图通过分析这些现象产生的原因,正视化学教育中存在的不合理现象,正本清源,最终让化学教育回归真实的生活基础。这里的反思和批判,揭示的是当前化学教育中存在着的脱离生活的现象,针对的是这些现象而非化学教育本身。

一、初中化学教师情况

新课改的初期,初中化学扮演着课改的排头兵和急先锋的角色。新课程标准关于生活化的要求如何准确理解并落实到课堂教学中,以及如何依据新课程标准开发教材、采用什么样有效的教学方式没有经验可循,需要摸索着前进。传统教育体制下形成的固有的教学模式短时间内不易彻底改变,部分教师"观念新、方法旧",新的生活化教学理念与现实的教学实践脱节,不能有机结合。其体现在课堂教学中仍不能彻底摆脱传统的"传授接受"式教学模式的束缚,对学生的主动性和主体作用引导激发不够,学生课堂教学结合社会、生活远远不够。

同时,教师们对现行教材内容和体系不够熟悉,对有关生活化的教学要求还不适应,教师相关培训不够全面系统,部分学校缺少对生活化教学理论研究的重视。教师自己主动结合生活化开展教学的意识也不够强,对有关理论专著、现行教材研读不够，不能够做到将生活化新理念、新教法灵活转化并应用于课堂教学，做不到时时开展教学反思和注意优化自己的教学行为，适应新形势、新要求的能力有待进一步提高。有不少教师对中学化学教学生活化的方向把握不准，有的缺乏研究策略，有的以为教育科研就是"剪刀加糨糊"，缺乏一套系统可操作性的实用手册。

学校组织对化学生活化的教学研究不够，化学教师缺乏以课题研究的形式来带动对生活化教学的学习和研究热情，生活化教学的理论水平和整体教学能力不足。教学要研究，教育科研是为了促进教学、为了教得更好。但学校生活化教学优质资源库建设以及课例研磨式集体备课方式的推广不够，以生活化视角对传统教案设计以及课堂教学模式的创新研究不足，学校为教师的学习创造物质条件有限，比如缺少为教师购买专业的生活化教学理论书籍的经费等。教研员作用发挥不够，示范引领的作用不大，一定范围内的教学研讨活动少，学区片校际的学科联动教研活动少。同时网络平台的作用发挥也不够，针对生活化教学中存在的问题进行网上教研，优秀生活化化学示范课及教案设计、案例、课件等未能够达到学科网上充分资源共享。

生活化教学的综合评价体系不够完善、规范。教研室在制定教师教学基本行为规范、学生学习基本要求的基础上，缺乏可操作性的生活化课堂有效教学的评价标准，在创设生活化情境、学生课堂活动参与性等方面指导不够，在教学目标的达成度、教学效果的实效度等方面也缺乏评价指标和标准。

二、基于学生层面的现状

以贵州省铜仁市某初中学校为例，本书抽样选择 672 位初中学生做了问卷调查，了解学生化学学习状况，掌握第一手资料（表4-1、表4-2）。

表 4-1 学生问卷结果分析

题号	A 人数	A 比例(%)	B 人数	B 比例(%)	C 人数	C 比例(%)	D 人数	D 比例(%)
1	552	82.1	95	14.1	23	3.4	2	0.3
2	483	71.9	178	26.5	11	1.6		
3	477	71.0	179	26.6	16	2.4		
4	29	4.3	401	59.7	47	7.0	195	29.0
5	10	1.5	288	42.9	374	55.6		
6	339	50.4	42	6.3	127	18.9	164	24.4
7	651	96.9	21	3.1				
8	79	11.7	227	33.8	338	50.3	28	4.2
9	107	16.0	253	37.6	312	46.4		
10	146	21.7	183	27.3	291	43.3	52	7.7
11	522	77.7	145	21.6	5	0.7		
12	117	117	42	6.3	10	1.5	503	74.8
13	114	16.7	153	22.6	211	31.0	200	29.7
14	521	77.6	146	21.7	5	0.7		
15	441	65.6	231	34.4				
16	473	70.4	187	27.8	12	1.8		
17	259	38.5	67	10.0	241	35.9	105	15.6
18	71	10.6	281	41.8	203	30.2	117	17.4
19	237	35.3	223	33.2	76	11.3	136	20.2
20	288	42.8	221	32.9	163	24.3		
21	342	50.9	3	0.4			327	48.7
22	563	83.8	12	1.8	97	14.4		
23	403	60.0	186	27.6	51	7.7	32	4.7
24	513	76.3	119	17.7	40	6.0		
25	451	67.1	106	15.8	115	17.1		
26	131	19.5	317	47.2	21	3.1	203	30.2

续表

题号	A 人数	A 比例(%)	B 人数	B 比例(%)	C 人数	C 比例(%)	D 人数	D 比例(%)
27	483	71.9	133	19.8	37	5.5	19	2.8
28	648	96.4	24	3.6				
29	33	4.9	107	15.9	212	31.6	320	47.6
30	147	21.9	364	54.2	159	23.7	2	0.3
31	527	78.4	23	3.4	83	12.4	39	5.8
32	6	0.9	233	34.7	127	18.9	306	45.5
33	124	18.4	331	49.3	149	22.2	68	10.1
34	626	93.2	34	5.1	9	1.3	3	0.4
35	433	64.5	15	2.2	17	2.5	207	30.8
36	663	98.7	9	1.3				
37	413	61.5	207	30.8	37	5.5	15	2.2
38	569	84.7	98	14.6	3	0.4	2	0.3
39	411	61.1	57	8.5	204	30.4		
40	39	5.8	377	56.1	155	23.1	101	15
41	317	47.2	35	5.2	231	34.4	89	13.2
42	388	57.7	179	26.2	75	11.2	30	4.5
43	314	46.7	127	18.9	202	30.7	29	4.3
44	403	60.0	441	65.6	351	52.2	284	42.3

表4-2 学生问卷结果分析

实验名称	很感兴趣 人数	很感兴趣 比例(%)	较感兴趣 人数	较感兴趣 比例(%)	兴趣一般 人数	兴趣一般 比例(%)	无所谓 人数	无所谓 比例(%)
对蜡烛及其燃烧的探究	666	99.1	6	0.9				

续表

实验名称	很感兴趣 人数	很感兴趣 比例(%)	较感兴趣 人数	较感兴趣 比例(%)	兴趣一般 人数	兴趣一般 比例(%)	无所谓 人数	无所谓 比例(%)
对人体吸入的空气和呼出的气体的探究	672	100						
过滤	646	96.1	22	3.3	4	0.6		
质量守恒定律	672	100						
实验室里制取二氧化碳的研究与实践	672	100						
二氧化碳的性质	672	100						
金属的化学性质	672	100						
铁生锈条件的探究	672	100						
配置溶质质量分数一定的溶液	659	98.1	13	1.9				
酸的化学性质	669	99.6	3	0.4				
碱的化学性质	658	97.9	14	2.1				
酸碱中和反应	672	100						
用pH试纸测定一些液体的pH	672	100						

注：空白表格表示该处数值为"0"。

(一) 调查结果分析

从分析结果看，学生普遍认为化学很重要，对自己的生活有帮助，喜欢化学学科，喜欢化学学科对自然界各种现象的解释，更喜欢课堂上教师精彩的讲解，循循善诱、联系生活实际的教学方式，让学生感受到生活中处处皆化学，学生学习化学的兴趣浓、欲望强，因而认为化学的难度适中。从对实验教学的调查分析来看，学生普遍认识到化学实验的重要性，认为其对学好化学很有帮助，喜欢化学实验，尤其喜欢进入化学实验室进行探究实验。对于化学实验，老师重视，学生兴趣浓厚。从对具体实验的调查发现，表4-2中所列的实验都是初中化学的重要实验，这些实验很多与生活密切相关，无论是教师演示还是学生亲自参与，学生们都很感兴趣，学习效果好。

但是，学校实验教学还是较为拘泥书本小实验，探究内容以及探究形式基本没有超出课本的范围，没有充分利用丰富的社会及生活素材来引导学生进行实验，在生活化的探究性学习、生动有趣的教学活动的创设以及灵活多样的教学方式方面做得还不够，离促进学生全面发展、达到核心素养培育的目标尚有差距。学生缺乏与他人合作的意识。在实验教学中，演示实验多于学生动手实验，学生主动参与实验的机会不多，在家庭生活化小实验方面重视不够，未能够充分调动学生积极性来开展家庭生活小实验，不利于培养学生的探究能力和创造性思维能力。

第三节　新课程化学教学强调生活化

化学已经成为21世纪的中心学科，当代新技术革命的各个领域都与化学关系密切。而科技创新发展离不开人才培养，离不开中小学的科学教育。然而，化学教学长期受知识本位及应试教育的影响，逐渐脱离了生活，使得学生学习兴趣消退，渐渐弱化了运用化学知识解决实际问题的能力。

《国家中长期科学和技术发展规划纲要》特别要求深化中小学教学内容和方法的改革，全面推进素质教育，提高学生的科学文化素养。因此，引导学生从日常生活经验入手，紧密结合生活开展化学生活化教学，在解决实际问题的探究中应用化学变得十分必要而迫切。

国际课程改革非常关注教育与生活的关系。第二次世界大战以来，世界三次科学课程改革浪潮的焦点从强调学科知识的结构化过渡到注重科学与社会之间的关系。尤以美国最为典型。

我国新课改对化学教育提出了生活化的要求。新课程改革的核心理念之一是教育生活化，即"从生活走向化学，从化学走向社会"。《全日制义务教育化学课程标准（实验稿）》提出的"引导学生认识化学在促进社会发展和提高人类生活质量方面的重要作用，通过化学学习培养学生的合作精神和社会责任感，提高未来公民适应现代社会生活的能力"等要求，强调了生活化教学的重要性。如苏科版初中化学新教材在宽广的STS（科学、技术、社会）教育领域内更加注重对"生活、化学、社会"观念的渗透，引导学生从生活走向化学，从化学走向社会，改变传统化学教育只注重知识获得的状况；以学生熟悉的实例引入，以培养学生科学素养为宗旨；通过让学生体验科学探究活动的过程和方法，强调发挥学生的自主性，发展初步的科学探究能力，有助于学生关注和分析与科学、技术有关的生活、社会问题，培养学生正确的科学态度、情感与价值观。

新课改的要求体现了化学与材料科学、生命科学、环境科学以及能源科学等的密切关系，展示了化学的重大作用，并正视和推进人类能源危机、环境危机等问题的解决，重视科学探究，激发学生的主观能动性。

针对新课程标准中关于生活化的有关要求，化学课堂教学应结合每一节课的具体内容，联系生活实际，结合化学实验，以生活的实例、学生的互动、老师的点拨，更好地促进教学。生活化教学可以调动学生学习的积极性，也可引发学生的思考。课堂教学中，教师通过结合生活化的实例进行化学知识讲解以及引发学生讨论等方式，产生学习过程中"教"与"学"思维火花的碰撞，将教材内容以灵活多样的形式呈现给学生，让学生通过丰富多彩的生活化化学课堂，掌握相关化学知识。

教师生动、有趣的讲述以及引导学生发现、交流、讨论、探究等都是课堂教学中的重要教学方法，接受性学习和探究式学习等都是学生构建知识不可缺少的重要学习方法。教师应借助生活化教学给学生带来的持续吸引力和浓厚兴趣，从实际出发，针对不同的教材内容，选择不同的教学方法，选取不同的生活情境，实现课堂教学内容与方法的生活化。

传统教学注重"双基"要求，忽视对学生情感态度、价值观的培养，重视结果，忽视过程，这是不符合新课程理念的，是不可取的。因此，在教学过程中，教师要提高对课堂教学中生活化设计的重视程度，选择紧密结合生活、社会来有意引导、培养学生良好的情感和价值观，促进教学方式的最优化。

同时由于初中学生刚刚接触化学，短时间内对于化学课程内容不能及时消化、理解。教师针对课本内容的编排，通过化学知识生活化的方式使学生易于理解，并愿意主动思考化学反应的本质。

总之，在新课改形势下，化学的教学过程中应让生活走进课堂，让教学融入生活，从而培养学生的应用意识和解决问题的能力，激发学生学习化学的兴趣，促进学生全面发展，既是化学学科教学的要求，也是提升学生化学核心素养的必然要求。

第四节　核心素养与化学生活化教学相结合

我国义务教育阶段的化学课程标准提出"以提高学生的科学素养为主旨，重视科学、技术与社会的联系"，而化学学科核心素养要求学生能够形成适合自身发展和社会发展需要的品质和能力。要以发展化学学科核心素养为目标，重视开展以核心素养为本的教学。

一、核心素养与生活化教学结合的意义

化学是一门与学生生活密切相关的学科，生活中的吃穿住行处处都离不开化学。以这几年发生的疫情为例，在教学过程中，我们不仅仅要教给学生们关于醋酸、乙醇和过氧化氢可以用来消毒杀菌，而且还一定要告诉学生它们正确的使用方法，以及适用的情形和对象，告诫他们消毒液不能混用。

将化学教学与生活实际相结合，在教给学生化学知识的同时，也教给学生如何应用所学化学知识分析、解决生活中的实际问题，这是学习化学的目的所在，对于培养学生化学核心素养具有重要的意义。所以，化学教师在教学过程中，应将生活化教学理念贯穿整个教学过程，培养学生全面发展，以实际行动落实提升学生核心素养的要求。

在初中化学教学过程中，化学学科核心素养也具有自己独特的要求，主要有以下几个方面：

一是培养学生的实验素养。作为初中化学教学的重要内容，实验是实现化学教学目标的主要手段。在初中化学教学过程中对学生的实验素养进行着重培养，就是根据实验设计及过程中可能出现的一些问题，对初中生的反应能力、问题处理能力等进行锻炼提升。具体包括学生动手实践（进行实验操作）的能力，问题解决和处理（对实验过程中可能出现的意外情况采取有效措施解决）的能力等。

二是培养学生的逻辑思维。逻辑思维能力是初中生良好思维体系形成的重要方面，对于学生未来的发展具有很重要的影响，将为初中生今后的全面发展奠定基础。在初中化学教学过程中，很有必要重视对学生的逻辑思维能力的培养，比如在化学反应相关知识的教学过程中，注意对反应的条件、影响因素（结果）等进行逻辑性教学，以此锻炼初中生逻辑性思维。

三是培养学生的科学态度。作为一门严谨的学科，化学学习务必秉承认真严肃的态度，在初中化学教学过程中，教师就要对学生严谨的科学态度、认真的科学精神进行培养，对学生在化学学习过程中的表现进行严格要求，面对科学的问题，一定要做到谨慎仔细，比如在化学实验操作的细节处理等方面都需要进行强调。

生活化教学注重学习与生活相结合，用知识解决实际生活中的问题，这与核心素养的目标一致。将生活化的情景与化学史料、事实、化学生产相关的重大事件及成绩相结合，可降低学生学习化学的难度，引起初中生学习化学的热情，还可以激发学生的社会责任感，使学生深入理解化学与科技、社会和环境的关系，促进学生化学核心素养的培养。

二、核心素养与生活化教学结合存在的问题

在我国，素质教育已经推动很多年了，取得了一些成绩，但是仍存在着问题。多年以来养成的观念和习惯，使得化学教学并没有彻底摆脱应试教育。

我国在推行素质教育中，对遇到的问题进行改进与反思，提出核心素养的概念和要求。但许多学校及教师并没有真正理解新时代教育改革的深刻内涵，在实际教学中并没有很好地落实核心素养培养的目标，措施还不够明显，效果不够好。

问题主要表现在：一是教育理念落后。尤其在一些经济相对落后的地区，学校教化学目标只盯着中考和成绩，教师缺乏长远的眼光，不能适应新时代发展的教学研究，每天让学生重复做习题，死记硬背，为了考试不断地学习，为了提高成绩不断做题，传统教学模式依然没有改变。对近些年提出的核心素养缺乏关注和研究，对于很多一线教师来说，他们很多精力和时间都放在了日常教学上，很少有时间进行钻研，导致教师不能够彻底了解核心素养的内涵，而只是为了迎合核心素养提一些口号和做一些肤浅的尝试，新课改落实远远不够。二是教学与生活联系不紧密，核心素养教育无从谈起。与高中化学相比，初中化学并没有系统化的化学概念，很多是结合生活最常见的物质以及现象，引导学生从化学的角度了解这些变化及其内在的规律和本质。比如说，可乐等饮料冒出的大量气泡是什么物质？为什么发生这种现象？一氧化碳为什么能够引发中毒事件？所以说，初中化学知识点涉及大量生活化的内容，很多教师却没有将这些教材知识点与生活实际结合起来，引入生活情境来讲，使得生活化教学及核心素养培养达不到要求。另外，化学课堂也并非简单的几个生活现象导入，或者创设几个生活化情境就能够解决的，这还不是真正的生活化教学，真正的生活化教学是要将教材知识与学生已有的经验紧密联系起来，使学生灵活运用知识去解决实际的问题，达到"教学做合一"，这样才能真正达到生活化教学与提升学生化学核心素养的目标。三是实验室条件有限，生活化教学的实施跟不上，导致生活化教学薄弱。实验是化学学科最显著的特征，是化学教学最常用、最重要的学习手段。学生通过化学实验打开化学知识世界的大门。可以说，在化学教学中，化学实验必不可少，但是有许多经济发展相对落后的地区，他们的实验室条件差，生活化教学的实施有限，达不到生活化教学的要求，满足不了教学需求。学生缺乏相应的实验操作，不能够亲自动手体验化学学习的神奇，这对于提升学生的探究能力和动手操作能力非常不利。

总之，初三学生最初接触化学，不仅需要适应新课程带来的陌生感，同时还要面对中考的压力。学校、老师、家长还不断催促学生提高学习成绩。在这种情形下，学校、教师、学生难免更多地关注应试、关注学习成绩，从而忘记了化学学习的最终目标和初衷。学习化学知识只是化学教学的部分目标，而不是全部目标，更不是教学的根本。根本在于如何运用所学习的化学知识解决生活中的问题，从这一方面来说，生活化教学可以改变课堂教学的现状，使学生成为课堂主体，使课堂教学更加生动、有趣、高效。而通过创设课堂生活化教学情境，将化学知识与生活结合，由生活经验和现象引入化学教学，减轻学生对于化学学科的陌生感，加深对化学知识的认识和掌握，让学生在学习知识之后明白知识的作用和意义，在生活中应用这些知识，帮助自己解决问题，这样有助于初中化学教学发展。

三、核心素养与生活化教学结合的实施策略

（一）教师与学生建立良好的关系

陶行知教育学家曾说过，要想搞好教育事业，首先就要建立一种良好的师生关系。由于初中生处于叛逆的年龄阶段，家长、教师的话可能会听不进去，也容易造成师生之间的隔阂，不利于教学工作。因此，师生之间的关系就显得十分重要了。试想一下，师生间如果像朋友一样，很多问题就容易得到解决，但是，如果师生之间的关系比较陌生就会让师生之间产生比较强的距离感，甚至产生敌对情绪。因此，要想在化学教学中将培养学生的核心素养与生活化教学密切结合，教师就要与学生建立良好的师生关系，多关心学生，真正走进学生的内心，接近他们的真实世界，关心他们的学习和生活，关注他们的思想和人格培养。同时，教师也可以尝试与学生们一起做游戏，拉近师生间的距离，以此提升教学效率。

（二）激发学生学习兴趣，培养学生核心素养全面发展

初中生在九年级刚开始接触化学，一开始可能对化学学科还比较新鲜，但是随着化学学习的深入，化学知识点越来越多、越来越复杂，还需要大量记忆，这样学生可能就会产生厌学心理，认为化学枯燥、没意思，时间长了就会对化学失去兴趣。这时，教师就应该积极应用生活化教学，提升化学学

习的趣味性，拉近化学知识学习与学生生活之间的距离，让学生的学习与生活相结合，让生活化的情境引起学生探究的欲望，让学生根据生活经验猜想、假设并让他们自己验证，以此激起学习兴趣。注意情境创设生活化、化学实验生活化、课后作业布置生活化以及习题练习生活化，让学生在生活化的氛围中学习化学，提高化学核心素养，促进学生全面发展。

（三）活化教材，联系学生实际生活开展化学教学

初中化学教材的编制都是在教学大纲的安排下进行的，是重要的教学材料，但是在当今初中化学教学中，不能只按照教学大纲开展教学、完成教学任务，而脱离了初中生的实际生活，这样容易产生教材与实际脱钩的现象，与新课标的精神也不相符合。因此，教师在讲授教材知识的基础上，应根据学生的实际生活对化学知识进行拓展。这么多年，教育在持续改革，从注重学生考试成绩转向注重学生能力的培养，但对于新课标提出的核心素养培养，许多教师仍然没有深入落实到实际教学中。因为他们平时忙于应试教育，没有时间开展研究。因此，学校应该安排时间让教师开展科研并进行交流研讨，经常组织一些学术交流活动和听课活动，让教师相互学习教学方法，将核心素养教育的观念深植于心，多应用生活化教学，提升教学水平，让化学教学结合学生的日常实际生活与社会生产实践，适当拓展教育渠道并加大教学宽度。比如，平时的化学实验可以适当拓展，让学生自己设计与生活密切相关的小实验。开展这样的教学活动，不仅可以提高初中生的综合能力，让初中生对所学化学知识有更加深入的认识，同时还能激发学生的学习兴趣与探究热情。将化学与生活联系，能让学生们认识掌握化学知识的作用，以及培养核心素养的重要性。

（四）化学实验教学融入生活元素主题

为了更好地对学生的实验素养进行培育，在化学实验教学中，应更多地融合生活元素，激发学生的探究热情，帮助学生更好地将化学知识与实践应用进行结合，从而有利于化学学科教学综合性目的的实现。生活元素的融入需要结合实际的教学内容，同时要兼顾初中阶段学生的认知水平。可以让学生积极参加社会实践。引导学生通过网络查询当地水质状况并分析造成污染的原因，在课前进行交流分享，课堂上安排学生一起制作简单的净水装置。

通过这些小实验，提升学生收集信息和分析信息的能力，锻炼学生的自主探究能力，也是对学生化学核心素养的培养。在基础实验"溶液的酸碱性"这节实验教学课中，教师应充分做好教学设计，首先通过向学生提问"生活中有哪些属于酸性物质，哪些属于碱性物质"；在引导学生初步认识酸碱物质后，再组织学生探究"为何这些物质有酸碱性的区别"以及怎样辨别不同物质的酸碱性。将学生分组，分别测定食醋、可乐以及纯净水等的 pH 值。学生通过动手实验，对生活中有关物质的酸碱性进行测定并得到结论，这更加有利于学生理解物质的酸碱性与实际生活的联系，也培养了学生的动手实践能力和解决问题的能力。

（五）联系生活实际锻炼学生逻辑思维能力

对初中阶段的学生来说，学习化学和科学地认知化学现象并不容易，因为化学现象虽然与生活联系紧密，但是化学现象在生活中往往具有多方面的表现。很多生活实际中的化学现象及问题并不很浅显，需要具备一定的化学基础知识才能够解答。因此，教师在教学过程中，应注意借助生活实际，让具有启发性的化学现象成为锻炼学生逻辑思维能力的重要载体，在化学教学过程中善于联系生活实际，有意识地锻炼学生的逻辑思维。比如，在"由多种物质组成的空气"这节内容的教学过程中，教师可直接引入雾霾等与空气污染有关的生活实际案例，增加学生学习探究的兴趣。在引入案例后，引导学生思考"雾霾产生的原因、造成的结果以及治理的措施"，通过这个逻辑思维组织教学，从而对学生分析问题的逻辑思维进行有意识的培养。

（六）通过创设生活化教学情境培养学生科学精神

化学是一门十分重要的学科，在教学过程中，教师应善于融合生活化教学模式，对学生的科学素养进行培养，为学生核心素养形成奠定良好的基础。作为有效培养学生学科素养的重要途径之一，生活化教学情境的创设非常重要。比如，"食品中的有机化合物"内容涉及淀粉、油脂、蛋白质和维生素等与生活实际密切相关的教学内容，教师可创设生活化情境，如想一想如何在保证营养的前提下科学减肥等，从而引导学生主动探究食物中与有机化合物相关的知识。生活化情境在激发学生学习热情的同时，也有利于培养学生以科学的态度来看待生活、增加生活体验。同时，创设生活化情境可以活跃课堂气氛，营造良好的学习环境与氛围，课堂气氛活跃了，学生的思维才更活跃。教师也应转变以往的教学模式来丰富学生的知识。结合身边的社会热点和背景来创设情境，让学生对化学知识与社会的联系有更为深刻的体会。同时，在学习初中化学时，不仅仅停留在知识的理解层面，还要通过结合生活实际将知识进行应用性的探究，以此来培养学生的化学核心素养与综合能力。

生活化教学是初中化学落实核心素养的有效手段之一，对于学生核心素养的培养是一个长期的过程，并非一朝一夕能够完成的，需要国家教育部门和学校的大力支持、教师的不懈努力、学生的积极配合。而随着时代的发展，化学核心素养培养与生活化教学相融合的过程仍然会出现一些新的问题，仍需要一线教师和教育工作者不断探索、改进，从而更好地促进学生全面发展，达到培养提升学生化学核心素养的目的。

第四章

化学教学生活化"三全"模式的探索与实践

"三全"教学模式着眼于全面提升初中生实践能力、创新能力和核心素养培养,源于一线化学教师10年的理论探索和教学实践。其实践过程及其相关研究成果的运用,在提升初中化学教学质量、促进初中化学教师专业化成长等方面显现非常好的效果;在培养学生学习兴趣,提高学生从日常生活和社会实践中发现问题、进行合作探究、解决问题的能力,以及培养化学核心素养等方面起到积极的促进作用。

第一节 "三全"教学模式的提出

一、对问题的认识与思考

2013年,笔者所在学校化学课题组在之前探索的基础上,结合新课程化学课程教学的要求,紧密结合铜仁初中化学教学现状,通过问卷调查、实地走访和交流研讨等形式,梳理当时化学教学存在的问题,了解学生、教师关于化学教学生活化的认识,对比铜仁初中化学教育模式差别,对如何开展生活化教学改革进行研究分析,在实践中进行生活化课程教育形式及内容的改革,最终圆满完成市级课题《初中化学生活化的实践研究》(编号:2013sj090)并形成成果。

通过对铜仁市初中化学教学现状的梳理,归纳化学教学存在的问题,主要有:初中生化学问题意识弱,学习兴趣不强;主动探究、实践创新和解决问题能力不足；初中化学教师对生活化教学理念、模式、方法固化，无法适应新课程标准要求；等等。

对此，我们通过问卷调查、实地走访和交流研讨等形式，对原因进行分析，认识到这些问题均与生活化教学落实不够有关。于是，我们提出以下问题：

问题1：如何将初中化学课程标准要求落到实处，以全过程、全体系、全方位（"三全"）生活化教学提升学生学习兴趣，提高学生主动探究和解决问题的能力？

问题2：如何通过"三全"生活化教学改进初中化学教师的教学理念、模式和方法，提升教师教学能力与水平，以满足新课程标准的要求？

对此，积极探索寻找解决的途径。重点围绕如何提升学生发现问题的意识、解决问题的能力和动手能力以及创新教学方式方法进行探索研究，在教学实践和推广过程中不断丰富和深化。10年的教学实践和研究证明，"三全"生活化教学模式有效解决了存在的问题。

1. 对生活化内涵的理论认识和思考

根据国内外研究学者对生活化教学的界定，对照新课标，我们结合教学实践对生活化的相关内涵进行了具体解析。化学教师将化学知识与学生生活经验有机结合起来，有效地提高了学生的化学应用意识和能力，是发展综合能力的有效途径。

2. 对生活化教学与初中化学课程的思考

如何在教学过程中引入生活化教学，创设生活化情境，从日常生活现象导入化学教学激发学生的学习兴趣，运用化学知识，探究生活问题。通过生活化教学提高学生的探究意识与解决问题的能力，让学生在实践中深化知识理解运用。同时，与提升中考成绩紧密结合，很好地将生活化教学与初中化学课程内容、考试结合起来。

3. 探索生活化理论深入发展与应用

课题组教师紧紧围绕各阶段课题研究与实践积极撰写论文、交流成果，组织或参与各级实验教学交流研讨会、观摩会、培训会50余次。在铜仁不同层次的城乡中学开展教学成果交流活动，形成系列研究成果；组建教育专家、中学教师和教研团队，打造多个初中化学教学实验基地，全面促进教师专业化发展，提炼一套教学模式广泛推广，不断促进生活化教学创新发展。

二、探索过程与方法

根据上述问题，结合实践研究的需要，确定本研究主要过程与方法如下：

（10年实践探索分为3个阶段）

1. 探索萌芽阶段（2013—2016）：生活化的实践研究

主要开展了化学生活化教学的实践探索，包括课前准备生活化、课堂设计生活化、探究实验生活化等教学方法与实践研究等。完成市级课题《初中化学生活化的实践研究》（编号：2013sj090）的研究并结题。

2. 实验实践阶段（2016—2019）：构建、实践、推广"三全"（全过程、全体系、全方位）教学模式

先后在全市10多所初中学校实践，构建了全过程（课前—课堂—课后）、全体系（理念—实施—评价）、全方位（学校—家庭—社会）的生活化视域下初中化学"三全"教学模式。同时完成省级课题《初中化学生活化创新能动教育研究》（编号：2016b134）并结题。

编写《初中化学生活化教学设计案例汇编》，在学校的大力支持下，形成校本课程，先在全校推广，其后逐渐在铜仁三中、铜仁十中、松桃大兴中学、坝黄中学、石阡县易地扶贫搬迁学校、思南鹦鹉溪中学、铜仁十二中等10余所不同层次的城乡学校开展实践探索。

3. 推广升华阶段（2019年至今）：形成"三全"教学模式

在"三全"教学模式基础上，引领生活化教学深入开展，并在铜仁学院附中、铜仁三中、铜仁十中、松桃大兴中学、坝黄中学、思南鹦鹉溪中学、石阡县易地扶贫搬迁学校、铜仁十二中、松桃三中等城乡中学开展教学实践，取得了非常好的教学效果。

三、解决问题的主要方法

1. 调查法：主要指对铜仁市初中化学进行生活化教学现状调查。我们先

后到 10 余所不同层次的初中学校走访、调查、研讨，发现问题、分析原因、总结成效，在实践中推广探索生活化教学模式。

2. 文献研究法：主要指学习研究相关文献，了解和借鉴国内外关于初中化学生活化教学的相关研究成果，形成对生活化教育理念、方法的科学认识，并结合实际，对生活化教学实践和研究进行指导。

3. 比较法：对实验对象教师和学生在教学实践实施前后的变化和表现进行比较研究，发现实践教学行动的实施所发挥的作用、产生的效果和存在的问题。

4. 经验总结法：在实践中不断总结经验，概括提炼，使之上升到理论的高度。我们在长期教学过程中持续总结，创造性地构建生活化视域下初中化学"三全"教学模式，并结合教学实践完善提升。

5. 实验研究法：主要指与城乡初中化学教师合作，在铜仁市城乡不同地区的学校进行生活化"三全"教学模式的实验研究。

6. 行动研究法：主要指在"三全"教学模式实验研究过程中，进行生活化教学课堂、生活化实验创新课堂、生活化课外实践课堂、生活化作业研讨、生活化案例分析，并整理相关内容出版。

在探索过程中，始终坚持以"三全"思想引领生活化教学改革，促进学生主动发现问题、提出问题。以课前生活化教学设计引领、课堂情境设计引导以及课后生活化作业为主线，培育学生主动发现问题的意识，通过问题驱动，激活学生思维。以生活化教育理念、教学方法和详细的教学设计方案为抓手，保障生活化教学效果；从化学基础理论到实践再到社会，全方位促进学生探究和解决问题的能力。以"三教"理念促进生活化教学，不断提升学生综合能力。教给学生知识，结合生活教学，提高学生学习兴趣，让学生主动开展化学知识学习，促进理解，提升学习效果；教给学生适应社会的能力，让学生通过亲自动手实践，提高实际操作和解决问题的能力，使学生在主动探究中培养创新力和能动性；教给学生核心素养，让学生在化学学习中关注社会、环保，在潜移默化中提升科学、人文、节约、环保等综合素养。

同时，结合实验示范、分层推进与分阶段完善提升，促进生活化教学的创新发展。广泛借鉴全国各地生活化教学先进经验成果，我校化学课题组教师积极撰写论文、参加各级各类教学比赛，组织或参与各级实验教学交流研讨会、观摩会、培训会 20 余次。赴有关学校实地考察，在铜仁不同层次的城乡中学开展有关课题 10 多个，形成系列研究成果；组建教育专家、中学教师和教研员联合团队，打造多个初中化学教学实验基地，全面促进教师专业化发展，不断促进生活化教学创新发展。

第二节 化学教学生活化"三全"教学模式的内涵

生活化教学旨在激发学生兴趣，增强主动性，启发思维，激发强烈的问题意识，提升学习效率。比如，引导学生对比锦江河水和纯净的水有什么区别，思考为什么锦江河水浑浊些、有气味和颜色，通过生活中熟悉的事物激发学生快速进入学习探究状态。从根本上来讲，"三全"教学就是一种从多个维度促进学生思考问题、主动探究学习和解决问题的课堂基本教学模式。

一、生活化视域下的初中化学"三全"教学模式

把生活化教学贯穿课前、课中与课后全过程；将生活化教学理念、实施及评价应用到实际教学中；将学校、家庭以及社会紧密联系起来，培养学生的问题意识，提高学生动手实践、合作探究、解决问题的能力，促进学生核心素养的提升。

全过程：实践团队经过长期摸索总结，获得课前教材处理、情境创设，课堂知识构建、习题训练、实验选择与课后作业布置等全过程的初中化学有效教学策略。

全体系：将生活化融入教学体系，使教学课前准备、实施过程、课后评价三者相统一，形成生活化教育"理念—实施—评价"的闭环。

全方位：通过生活化教学实践将学校、家庭及社会三者紧密联系起来，以家庭生活中常见的现象，提问启发学生思考，让学生学会用课堂学到的化学知识解释、解决家庭生活和社会中遇到的问题，为适应社会、参与社会实践、培养社会责任意识奠定基础，真正体现科学的"从生活中来，再回到生

活中去"。

二、进一步完善"三全"教学模式和时代内涵

以课程标准为引领,丰富深化"三全"教学的理念和时代内涵:教知识,以生活化教学提高学习兴趣,让学生主动开展知识学习与实践运用;培养能力,让学生通过亲自动手,提高操作和解决问题的能力,使学生在动手合作探究中培养创新力和能动性;提升素养,让学生在化学学习中关注社会问题,在潜移默化中提升科学、人文、节约、环保等意识,培养热爱祖国、热爱社会的情感。

三、形成操作性强、可推广、可复制的生活化视域下初中化学"三全"教学模式

"三全"教学模式是以问题形式启发思维,使每一节课都能够充分体现生活化教学特色,以达到多维教学目标。

1. 课前准备阶段——教学思路

(1) 本节课程主要教学目标是什么?包括哪些方面的知识、能力及素养?

(2) 如何将生活化理念体现在教学全过程?包括课前准备内容、课堂教学实施过程、课后作业实验活动及教学评价?

(3) 与教学目标及内容相关联的家庭生活案例有哪些?与社会有着哪些方面的联系?设计怎样的教学方法,将家庭、社会与课堂教学相结合,使学生达到知识、能力和素养的提升?

2. 课堂教学阶段——教学实践

(1) 设置什么样的家庭生活情境引入课程教学,吸引学生兴趣?

(2) 如何有效引导学生主动思考,在积极探究中获得知识和能力?

(3) 使用什么样的方法或实验引导学生动手实践、合作探究,从而提升学生综合能力?

(4) 可从哪些方面引导学生,培养积极向上的情感态度并树立正确的价值观?

3. 社会实践阶段——教学应用

（1）如何结合生活设置课后作业，引导学生运用科学知识解释、解决生活中的问题？

（2）组织什么样的社会实践活动，提升学生动手实践、合作探究以及适应社会的能力？

（3）如何扩展学生思维，培养学生的科学、人文、节约、环保等意识和热爱祖国、热爱家乡的情感，使学生主动参与各种社会活动，自觉为社会贡献力量？

4. 交流反思阶段——总结提升

（1）教学是否充分应用了"三全"教学模式？是否达到了多维教学目标？

（2）好的经验与不足之处分别是什么？如何在下一次教学中发扬优点、改进不足？

以上环节可构图如下：

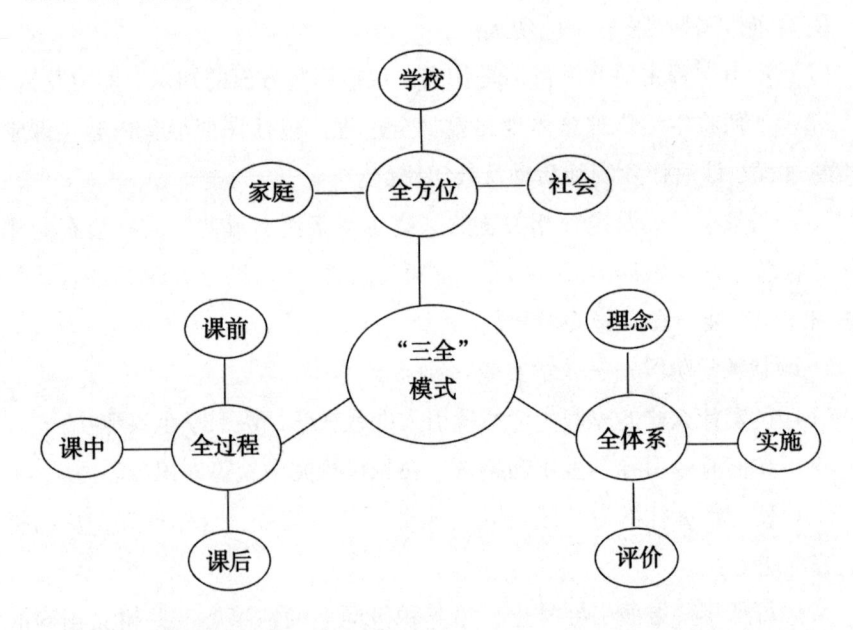

"三全"教学模式更易于操作和借鉴，发挥应有的教学效果，以达到全面提升学生核心素养的教学目标。化学生活化教学研究先后由我校推广到全市

10多个城乡学校，培养了数十名中学化学骨干教师，3000多名学生受益，为教学改革做出了重要贡献。具体如下表：

教学环节		教师活动	学生活动	设计意图与评价
课前·源于生活				
课中·高于生活	情境问题·自主学习·合作探究·成果展示·迁移应用·深度交流	任务一		
		任务二		
		……		
		……		
		……		
课后·用于生活				

同时，在实践过程中，我们创设了一批初中化学生活化创新能动教学资料。梳理前期关于化学教学生活化的认识，对比铜仁初中化学教育模式，对如何开展生活化创新能动教学改革进行研究分析，在实践中进行生活化课程教育形式及内容的改革，撰写了多篇教育教学研究论文（多篇已发表）并汇编成论文册；梳理初中化学教材内容及课题组实践研究成果，结合生活化情境，并组织咨询教育专家、中学化学教师，配合当时化学教材的知识点，设计了20多套生活化教学设计方案；精选了教师化学教学生活化教学的优秀案例设计、PPT、课堂实录汇编，形成一套高质量的校本教程，进一步推广到其

他中学；撰写了化学教学生活化实践活动资料，收集学生活动心得及反思，形成研究过程性资料；收集学生的科技小论文并交流分享，将可运用于生活实际的创作进一步推广运用；形成学生手抄报、化学结构模型、叶脉书签等第一手生动资料。

四、化学生活化教学"三全"模式的特点和取得的成效

以提升学生学习化学兴趣为出发点，引导、鼓励学生将理论与生活、社会相结合，以提高学生解决问题能力为目标，课题组在多年研究实践基础上，提出初中化学生活化"三全"（全过程、全体系、全方位）教学模式。三者之间具有较强的逻辑关系：全过程是基础，全体系是核心，全方位是目的，最终目的是通过生活化创新能动教学，培养学生全面发展。

（一）"三全"模式的特点

1. 以课程标准为引领创设化学生活化情境

"三全"（全过程、全体系、全方位）教学模式，以课程标准为引领，以提高学生发现问题、动手操作、合作探究、解决问题的能力为宗旨，解决了学生问题意识弱、探究意识不强、动手实践能力不足等问题。过程中形成了创设化学生活化情境的基本方法，以及"区域内校际合作"式校本教研模式。比如，在教学过程中引导学生自觉发现与提出化学问题。通过课前、课堂生活化教学设计，鼓励学生主动思考，引导学生提出问题，养成主动探究的学习习惯。如询问学生当暖壶里最后倒出的水比较浑浊，这时候该怎么办呢？学生边思考，边动手探究静置沉淀和吸附沉淀，培养解决问题和动手实践的能力等。

2. 融合多维、多目标的研究与实践

形成了贯穿课前、课中、课后，涵盖学校、家庭、社会的生活化教学理念，实施与课后评价相统一的教学体系，实现知识、能力、素养提升的多维目标。对此，我校化学课题组龙芳老师、张新云老师在《初中化学教学生活化案例设计研究——以〈二氧化碳的性质〉为例》中结合具体课程进行阐述。

3. 形成了生活、社会与知识相互映射、印证的思维范式

把课程内容映射为日常的家庭生活、社会实践的问题，再把所得的结论

反推回去，从而深化理论认知，体验化学知识在生活中的应用，增强对知识的理解，并提高解决问题能力。

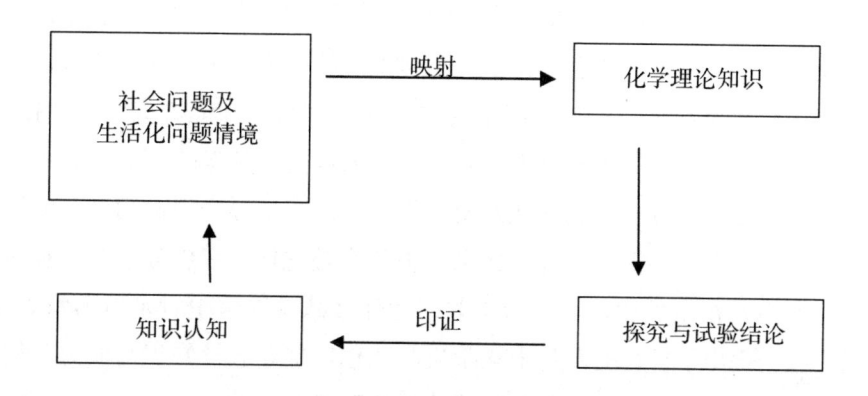

```
┌─────────────┐    映射    ┌─────────────┐
│  社会问题及  │ ────────→ │ 化学理论知识 │
│生活化问题情境│            │              │
└─────────────┘            └─────────────┘
       ↑                          ↓
┌─────────────┐    印证    ┌─────────────┐
│  知识认知   │ ←────────  │探究与试验结论│
└─────────────┘            └─────────────┘
```

在取得以上成果的基础上以及在持续推进教学实践研究中，逐步深化了初中化学生活化教学的理论认识，完善了"三全"教学理念和实践：一是深化了初中化学"三全"教学模式。结合10多年的探索实践经验，结合最新的课程标准、最新的"双减"政策等，根据学校教学实际，不断完善教学方法，进一步深化了初中化学"三全"教学模式，形成了"三教"（教知识、教能力、教素养）+"三全"（全过程、全体系、全方位）的教学模式。以"三教"为目标，"三全"为途径，将"三教"与"三全"融合起来，共同提升初中化学生活化教学理论与实践水平。二是深化了生活化概念的理论认识。深化"生活即教育""社会即学校""教学做"合一的认识，将学生的生活体验融入教学过程。创设生活化的问题情境，激发学生的问题意识，引发学生思考和动手探究实践，使学生获得知识、能力和素养等多方面的锻炼。特别是结合最新的"双减"政策，结合国家的碳达标，以及绿色、生态、环保和节约等理念，完善教学理论和教学方案，促进学生各方面素养的全面提升。三是提出创设化学生活化情境的基本方法。课题组集体研讨、发掘和梳理教材中的生活化学习资料，在生活实践中捕捉学生身边实例中的化学问题，与所学知识有机结合进行教学设计，借助实际生活体验、设置问题悬念、趣味故事和化学史话、探究实验、化学小魔术、电教媒体、教具模型、化工生产和科研成就、自然环境和社会热点等创设情境，抓住生活细节引起学生兴趣，以及精心设计与生活密切相关的化学习题等。四是设计"提出问题"的方法。经过总结梳理,形成了现象质疑法、类比思维法、联系拓展法、实验观察法等提出问题的一套方法。比如,在初中化学第一节绪言课中,为了能让学生更好地了解化学与人类社会的关系,与学生一起讨论身边与化学有密切联系的实例:铁锅为什么会生锈?高温的油锅未点燃为什么能着火?怎样扑灭?长征二号运载火箭成功将神舟十一号飞船送入太空,神奇的火箭究竟用的是什么燃料呢?在学习《水的净化》这一课时,用情境导入引出问题:熟知的锦江河水和纯净水外观上有什么区别?为什么是这样?在讲分子之间有间隔时,提问当人在空气中、水中行走时,为什么感觉在水中行走费力?等等。同时,我们提出了旨在提高初中化学生活化创新能动教学知识与能力的校本教研模式——"区域内校际合作"式校本教研模式。

(二)"三全"模式的实践效果

通过10多年的理论研究和实践探索,研究成果的应用对实践单位初中化学教师的教育理念、课堂教学活动、教学效果等产生了较为明显的影响;实践检验单位学生的化学学习兴趣、学习能力、学习习惯、学习效果等发生了明显的变化,主动创新、自主探索及解决现实问题的能力和素养得到明显提升,产生了很好的实践效果。

1. 一线初中化学教师教育理念、教学能力、教学行为、教学效果的变化和分析

成果实施前的调查表明,33.33%的学生表明其老师很少鼓励他们利用生活中的物品进行课外实验探究,更有61.1%的学生认为学校基本没有组织化学课外实践拓展活动,且57.4%的学生反映学校未有足够的化学实验室硬件设施。说明部分地区受限于当地教育资源分布的不平衡,教学方式受到很大的制约,再加上部分教师教学观念较为陈旧,在教学中往往只满足于传授知识,根据考试大纲来编订教学计划及内容,对于学生自主探究及主动学习的引导非常不够,未能有力引导学生探究生活中的化学问题,把生活中的化学现象引入课堂较少,即使有,也只是比较简单和表面性的一个事例引入,根本不能引起学生的兴趣与注意。超过50%的学生认为老师连课本要求必做的学生小组实验都未安排,很多学生没有亲身体验实验的乐趣,要被动地学习

化学用语、化学方程式。成果实施后取得的成效证明，学校教学安排及老师的教学计划与技能往往对学生的化学学习产生很大的影响，"三全"教学方法能够有效提升教师专业技能，这在有关实践单位发生的变化中可以明显看出来。

根据实践检验单位的反馈，实践学校在用"三全"教学模式引领学生化学核心素养培养方面做了大量的工作，取得了满意的实践效果。

例如，实践检验单位铜仁三中反馈：较实验实施前，老师教学理念有所转变，能创造性地结合生活与社会使用教材，理论水平和业务能力获得提高，效果显著。多数教师善于创设学生熟悉的生活情境引导学生提出问题，课堂上注重鼓励学生多发表见解，注重开展社会实践活动和社会调查，如带领学生参观瓶装水厂、铜仁市污水处理厂等。注重引导合作学习，如鼓励学生合作探究燃烧所需要的条件等。2016年9月以来，我校教师通过开展"三全"教学模式实践探索，相较于实践检验前，在化学教育理念、课堂教学行为及效果、能力水平等方面有了较大的变化。如本校化学教师向灵华充分实践"三全"模式，多次演示市级交流示范课。教学中取得了优秀的教学成果，如2017年获得"一师一优课省级一等奖"，2020年1月获得"省级优质课一等奖"。实践"三全"教学模式的班级学生2020年、2021年中考及格率均达到90%以上。

铜仁十中反馈：2016年以来，与铜仁学院附中开展教学交流，在应用"三全"生活化教学模式引领化学教学方面进行了实践教学。相较于实践检验前，我校教师在教育理念、教学行为与效果、能力水平等方面有了较大的变化，化学教学的质量也得到了较大的提高。化学教师改变固有的知识传授式的教学理念和方法，将"三全"生活化理念引入课堂内外，引导学生主动联系生活与社会，更注重培养学生的人文素养，比如，在讲《燃料的合理利用和开发》时，引导学生关注生态文明与环保问题，树立环保意识和节约能源的意识等。在方法上强调在"生活情境中"教学，如引导学生边思考茶壶底为何有白色浑浊物，边动手探究静置沉淀和吸附沉淀，培养学生解决问题和动手实践的能力等。实施"三全"模式教学实验，效果明显。我校实践"三全"模式的班级学生化学平均分明显高于其他班级，远超碧江区学生的化学平均分，及格率达 85%。如我校杨俊老师充分实践"三全"教学模式，结合自己的教学特点，取得了非常好的教学成绩，2018 年被评为市级优秀教师，2019 年担任铜仁市初中化学学业（升学）考试命题教师。

　　松桃大兴中学反馈：我校教师参与"三全"生活化教育模式教学研讨会以及合作实验，深刻理解了"三全"教学模式的理念及内涵，掌握并成功运用"三全"模式组织教学。相较于实践检验前，我校化学教师在教育理念、课堂教学行为（包括教学设计水平、学生引导水平、课堂驾驭能力等）、教学效果及科研能力等方面有了较大的提升；我校化学教师能够主动将生活化理念应用于实际教学，在课前备课、课堂教学以及课后作业中引入更多生活化实例，能够引导学生用科学知识解决生活实际问题，比如，引导学生用过滤方法进行水的净化等；学生亲自动手制作原子结构模型等，这样不仅增强了学生自主探究能力，而且巩固了知识，提升了学习效果。我校学生中考成绩逐年提升，实践效果明显；我校教师近年来获得两项县级化学课题立项。这些都表明我校在开展该课题的教学实践过程中取得了很好的效果。

　　以上实践检验单位反馈表明：相较于实践检验前，实践单位化学教师的教育理念、教学行为、教学效果、能力水平等方面发生了明显的变化，提高了实验学校的化学教学质量。同时，多数教师反馈，不断地进行生活化教学研究，把生活化创新能动教育融入初中化学，促进了专业的发展和自身成长，实现教学相长。在课堂中融入有趣、有实际教学意义的生活化例子，能激发学生学习化学的兴趣，课堂教学轻松，学生变被动学为想学。此外，实践单位在课题研究同时，也开展了很多有意义的实验生活化创新活动，学生反响热烈，学生学习兴趣高涨，教学从做中学，不断完善。老师们从课题研究中反思教学，能提高自身的教研能力，使自己逐渐成为"学者型"和"生活型"的教师。

　　2. 学生化学学习兴趣，问题意识，创新、探究能力和社会素养的变化和分析

　　（1）激发了学生的学习兴趣与主动思考意识。实施前，课题组对 3000 多位学生进行了问卷调查，发现只有 25.9% 的学生对化学知识有一定的兴趣。实施后，87.34% 的学生提高了学习化学的兴趣，表示化学对解决生活实际问

题很有帮助。在《"初中化学生活化创新能动教育"在教学中的意义》论文中有相关论述。

（2）提高了学生的问题意识。课题组通过课堂观察、访谈、问卷调查等多种方式，对铜仁学院附中、铜仁三中、铜仁十中、松桃大兴中学化学课堂参与进行研究，结果表明"三全"模式能有效提高学生提出化学问题的能力，且质疑性问题占比 42.86% 以上。

（3）提高了学生的创新探究能力。课题组对铜仁学院附中、铜仁三中、铜仁十中、松桃大兴中学等学校进行调查统计。实施前，50% 的学生认为化学学科很难，缺乏主动学习的兴趣，探究问题能力弱。"三全"生活化教学实施后，教师注重以日常生活、社会问题引导学生学习，结合课堂实验和动手实践探索，使化学知识贴近学生生活，提升了学生的学习兴趣和自主探究能力。

（4）提升了学生的综合素养。"三全"模式实施前，学生仅仅关注化学知识，探究能力弱，动手能力不足，缺乏环保、生态意识。实施后，学生学习知识的同时有意识地对日常生活与社会实践中遇到的问题进行拓展思考，提升了学生的环保、节约、生态意识。

3. 取得了理论成果和实践成果，推广效果明显

（1）理论成果

一是 1 本著作（案例集），2 项省部级项目，3 项市级项目，1 项校级项目；二是公开发表论文 9 篇，撰写的论文在省、市级比赛中获奖 21 次；三是参加省、市级实验科技创新竞赛、微课竞赛、"一师一优课"活动，获奖 17 次。

精选了优秀案例设计、PPT、课堂实录汇编，形成一套高质量的校本教程，推广到其他中学；撰写了化学教学生活化实践活动资料，形成研究过程性资料；收集了学生的科技小论文、化学结构模型等第一手资料。

（2）实践成果

一是课题组教师每年所带班级学生的中考成绩优秀，学生对教师的教学测评满意度较高，近 5 年来 A 等率为 90% 的教师人数增多。二是数据表明，实验以来学生成绩明显提高，推动我校中考理综成绩不断提高。如 2020 年龙

芳老师所带班级理综平均分超全市平均分 19 分，及格率超全市 18.62%；蒋春菊老师所带班级理综平均分超全市平均分 20.37 分，及格率超全市 25.13%；另一班级理综平均分超全市平均分 10.30 分，及格率超全市 12.28%。

（3）成果推广应用

省级课题结题后，铜仁学院附中 2016 年、2019 年两次下文推广成果运用与教学实验。在多次市、区化学教研探讨中，大家认为，"三全"教学模式借鉴了国内外先进教学经验，对提高初中生探索、创新能力有明显的效果，促进了《义务教育化学课程标准（2011 年版）》"加强社会实际生活与教学的联系，努力使化学教学内容社会化、生活化"的落实，对提升化学教学水平产生良好影响。同时，该教学模式还可以迁移到其他学科教学中，促进了学生的全面健康发展，建议继续深入研究推广。

（4）关于成果的思考

10 多年理论探索和实践检验表明，生活化视域下初中化学"三全"教学模式实践探索已经取得了较好的研究成果和实践检验效果。"三教"（教知识、教能力、教素养）+"三全"（全过程、全体系、全方位）生活化创新能动的教学模式是课题组 10 多年来探索研究的精髓，是对课堂教学本质属性的高度概括。"三教"为教学改革的结果和目标，"三全"是教学改革的具体方法指导，"三教"与"三全"紧密联系，共同提升初中化学生活化教学理论与实践水平。"三全"教学模式在优化初中化学教师的化学教育理念，提升课堂教学行为及效果、能力水平，促进初中化学教师专业化发展，提高化学专业教师人才培养质量，提升初中生化学学习行为、习惯、效果、创新能力和主动探究、解决问题等综合能力等方面都具有较好的效果。

虽然我们已经开展了较为深入的初中化学"三全"教学模式实践探索，并在一定范围内取得了较好的实践效果。但是，在研究过程中也发现一些问题，比如，课题研究仍未摆脱应试要求的影响，对提高学生的整体素养做得不够，课题研究深度也还不够，参与实验的学校数量和范围还不够大，需要进一步将教学实践研究扩大到全市、全省，并进一步拓展到其他学科，以期产生更大的影响，使更多师生获益。

下一个阶段，我们仍需要进一步深化"三教"+"三全"生活化教学研究，提升学生核心素养。

因此，在全面深化课程改革的今天，我们要通过化学课堂教学，探索推进以"三教"+"三全"生活化创新能动教学作为改进课堂教学的有效途径，从而达到培育学生核心素养的目的。同时，也应该在实践中完善教师培养机制，促进教师成长。研究也发现，教师还存在教学理念有待进一步更新、成长机制有待进一步完善等不足之处。因此，需要尽快完善教师培训体系，利用有关学术科研资源，派遣乡村教师、新入职教师、骨干教师参加课改、课程、教研等针对性的培训；丰富教师研训活动，开展教学常规检查指导、普查式听课，开展化学校本教研活动，组织区域间的联盟教研活动等，提高教师专业素质。同时推进高等师范院校教师培养改革，从源头上改变教师教知识结果的教学模式，培养创新型教师。因此，教师务必转变思维，从自身做起，推进课堂教学改革，将知识结果的教学变为引导学生主动获取知识、推动创新的过程教学；要结合生活、结合社会，抓住学生思考、动手与实践能力培养的核心，注重对学生主动发现问题和解决问题的引导，使初中生在实践中取得知识的进步和核心素养的提升。

"走向生活，走向社会，是当今世界理科教育改革的趋向"，因此，我们的科学教学，务必立足于社会、贴近生活、服务生活。作为一线化学教师，应时刻牢记教育宗旨，聚焦自身课堂教学研究，秉持"从生活中来，再回到生活中去"的理念。坚持"经验+反思"不断提升课堂教学水平，言传身教做好学生培养工作，促进学生全面发展。

第五章

化学教学生活化设计的一般要求

第一节 化学教学生活化设计的一般范式

20世纪60年代以来，化学的教学设计过程模式主要有迪克·凯瑞的系统教学设计模式、史密斯和雷根提出的"教学设计的"和典型的建构主义教学设计过程模式。建构主义的教学设计特点在于，它高度关注学习环境设计，其设计的结果是建构主义学习环境。建构主义学习环境主要是由问题或项目空间、相关案例、信息资源、认知建构工具、交流与协作工具和社会或背景支持等部分构成。建构主义教学模式为化学教学生活化提供了一个极佳的平台。

以建构主义教学设计模式为借鉴，结合多年来的教学实践和研究，笔者认为化学教学生活化设计的过程主要包括化学生活化教学设计的前期分析、生活化教学目标的说明、化学生活化教学过程的设计、设计方案的编写和实施、教学设计的形成性评价、完善以及教学设计的最终评价等。

以上生活化教学设计过程模式中提到的各个部分是密切联系且相互制约的，它们作为一个有机的教学设计系统，共同发挥作用。生活化素材的选择可以依据教材，但绝不是局限于教材，除此之外，还应从生活中来、从社会中选取，还可以对教材规定的教学内容进行变革和创新。比如，可以用有利于学生学习化学、理解概念和规律的生活化、社会化背景等素材来替代和改造学习内容，或者将学生们熟悉而又感兴趣的生活案例、场景引入化学教学设计和课堂，把生活中的信息和经验转化为化学知识，转变成化学课程的学习材料。这样，枯燥的化学理论知识就会变得有意思、有吸引力，以接近生活现实的问题，激发学生学习的兴趣。

在教学实际中，生活化教学活动相关素材包括以下几类：一是包含在日常生活中的自然现象以及与化学有关的事实。比如，材料科学中的化学、环境保护中的化学、健康科学中的化学以及生活中的化学，等等。二是生活发展中受到化学影响的一些新鲜事件。不管是正面影响还是负面影响，其事件发生的过程及原因乃至引发的思考等。三是化学史。在长期的社会活动中，人类系统地对大自然的化学知识进行描述，形成了一整套内容体系，主要有化学发展的规律及有关概念、理论的提出，发展和演变等。四是化学科学未来发展有关的前景、学科前沿动态等方面内容。包括现代科技的新成果及对人类生活产生的影响等，还包括绿色化学方面的内容。

第二节　化学教学生活化设计的注意事项

以往研究者的研究结果表明，化学教学生活化要注意教学内容的优化、教学方式的转化、教学评价的革新等。笔者认为，化学教学生活化除了须遵循以上原则外，还要注意研究生活化教学的切入点，把握生活化教学的关键，以及注意区别"真生活"和"伪生活"，防止生活化教学的异变等。

一、"生活化"教学设计的关键

作为一线化学教师不难感悟出，化学的改革正在向着生活化的方向进行，这将对于改变学生被动接受的传统方式，以乐学代替苦学、以活学代替死学具有重要意义。正是化学教学生活化的提出和实施，使得化学教学向着改良的方向前进。学生从中受益，体验到探索学习的快乐。化学生活化教学首先应该做好化学生活化教学设计，亦即前面提到的"三全"教学模式。在该模式中，化学教学生活化的教学设计是改变传统教学方式的开始，只有进行精心的教学设计，创造性的开发、设计贴近生活实际的场景和实验，才能够使学生真真正正体会到化学学习的魅力，认识到化学知识不是孤立的，而是与生活、与社会紧密相连。生活化教学离不开生活化的化学实验，生动的、动手能力强的化学实验可以增加学习的趣味性，激发学生学习化学的兴趣，使学生发自内心地喜爱化学、欣赏化学，对于培养学生热爱生活、热爱科学打下良好心理基础，以及达到学生核心素养提升的目的。

下面结合生活化实验，列举一些实际案例，以详细的实施过程具体说明如何通过生活化的化学实验教学，达到良好的教学目标。

案例1：铝热反应的生活化设计

苏教版《化学必修第一册》有"铝及铝的合金"课程，分析认为，在实际的演示实验中，该节中关于铝热的实验存在着不足之处。比如，带铁圈的铁架台过于笨重，教师做实验时不方便搬动；用火柴点燃镁条时比较难，需要好几次才能点燃，影响实验效果和课堂效率；另外，镁条在燃烧的时候发出了耀眼的强光，这对于学生们的眼睛有一定的影响；更让人担心的是，其产生的热熔物易飞溅给人身带来伤害；而且有炸裂蒸发皿的可能；在化学反应中还有大量白烟生成，对环境造成污染。

1. 铝热反应的生活化改进

①引发剂的改进

准备两个炮仗，小心剥开后，将其中的火药及导火线取出来，用其代替镁条和氯酸钾。试剂用量：以10g铝热剂为例，需要10个炮仗来引燃铝热剂，若适量掺入氯酸钾，则效果更好。

②发生装置的改进

找到一块普通的砖头，在中间钻出一个大概指头粗细的圆洞，然后将圆洞的边缘旋成一个三角漏斗的形状。

③支架装置的改进

找一个空易拉罐，剪去上底，侧壁开一个长方形的门，门距罐底2cm。

④白烟的处理

用喷雾器喷水雾，以防止教室中出现过多烟雾。

⑤改进优点

改进后的设备不仅小巧轻便，便于携带，而且在实验操作时较为简便；

用来制作仪器的材料取自废弃物，属于废物再利用，不浪费新材料，且这些材料都是日常生活中很容易取得的，制作过程安全、简单，坚固耐用，几乎没有什么成本，而且好用；以砖头作为漏斗，较为耐用。以火药燃烧来引发反应，可以减少镁条燃烧而产生的光污染；实验过程中可采用喷雾，降低产生的烟雾污染；生活化的实验材料和仪器，能够有效地激发学生学习化学的兴趣。

又如，在学习浓硫酸溶于水放热这个知识点时，选用温度计水银球（温感）部位蘸取浓硫酸露置在空气中，可以观察到温度计读数的变化。该生活化实验既可以说明浓硫酸的吸水性，又可以清楚观察到浓硫酸溶于水后的放热现象，实验既安全，又直观、易理解，取得了很好的效果。生活中很多材料都能用于化学实验，如废旧电池、易拉罐、眼药水瓶及针筒等。采用这些现有的材料进行实验，还能够对学生的探究思维和动手探索能力的提高起到一定的启发和促进作用。

2. 要注意体现"以问题为中心"的化学教学生活化设计

在化学学习中，学生发现问题的能力与解决问题的能力同样重要。首先要发现问题，才能够去研究和解决问题。因此，问题意识对初中学生来说非常重要，但是传统教学往往是教师在提出问题，教师在主导着整个课堂，按照教材"填鸭式"地给学生教授化学知识，而忽视了学生的主体地位、主观能动性和问题意识的培养，没有对引导学生独立地发现和提出问题给予足够的重视，这种做法久而久之使得学生的问题意识较为薄弱。而且传统教学对教学成效的衡量，往往是把"有问题"变成"没问题"。因此，教师应根据新课程化学教学生活化教学设计要求，注意引导学生发现生活中与化学有关的问题，善于激发学生解决问题的思考，让学生带着问题上课、积极参与探索实践，同时发现更多的新问题。

案例2："这反应过程也太慢了"

在"用过氧化氢制取氧气的实验室制法"的探究课堂上，学生们发现5%的过氧化氢溶液产生氧气的速率较慢，情不自禁地说："这过程也太慢了，我们等得花儿也谢了。"这个问题在教师的启发、帮助下，学生们开始思考怎样让反应更快些，能不能通过加热和增大浓度呢？什么样的温度、什么样的浓

71

度最合适呢？对此，学生们经过讨论，决定进行探究，并分别设计了不同的研究方案。

方案一是在常温下，对比使用5%、10%、20%、30%的不同浓度的过氧化氢溶液进行的实验，观察氧气产生的速率。方案二是在同浓度（30%）过氧化氢溶液的情况下，对比20℃、40℃、60℃、80℃不同温度情况下的实验结果，观察氧气产生的速率。

实验结束后，学生们发现氧气产生速率随着浓度和温度的升高而增大。这体现了化学生活化探究的过程。这个过程中，好奇和问题成为促使学生深入探究的动力。通过问题式生活化教育教学，达到了良好的效果，学生的化学核心素养也得到了提升。因此，教师应该做个有心人，善于观察，善于发现，善于总结，适时引导学生进行思考，善于运用"问题探究"教学模式进行教学，在探究过程中要让学生学会开展自主探究，拓展探究空间。

3. 化学教学生活化设计要注意区别"真生活"和"伪生活"

化学生活化教学必然以真实的生活和社会现象为基础，脱离了真实的生活场景，化学生活化就失去了意义。尤其不能为了生活化而生活化，为了达到某项教学目的或者是为了加强某个知识点而捏造事例、脱离真实情况。这样不仅使学生接受了虚假信息，而且会导致学生不能正确认识客观世界并最终造成危害。

案例3：溶液复习

某教师在溶液复习课堂上利用某同学早上腹泻，体内需要补充350g浓度为10%的食盐溶液为引入，把食盐水的组成、配制、有关溶液的计算以及蒸发结晶等知识点进行串联。应该说该教师为该专题复习下了一番功夫。补充食盐水可以调节人体电解质平衡，对于疾病的治疗有一定的辅助作用，但是学生很容易从中获得片面的信息，即腹泻时可以用食盐水治疗，从而耽误一些症状严重者的治疗。事实上，腹泻也是个复杂的过程，因细菌感染引起的病症，应该使用抗生素进行有效治疗，特别是症状较为严重者，一定要及时去医院就诊。

案例4：化学方程式计算

某市中考试卷曾出现这样的考题：为制取0.2g氢气，需要足量的金属锌和多少克9.8%的稀硫酸完全反应制得？

氢气可以用活泼金属和稀酸反应获得，很多小商贩出售的氢气球中的氢气就是用廉价金属与酸反应制得的。但是试题编制者忽略了一个生活实际：随着反应进行，酸液的质量分数越来越小，反应速率也随之减缓，时间成本也随之增加，实际生活中很少有商贩会等到实验完全结束。这就是说教学要考虑现实情况，符合生活实际，一定要合乎科学真理、与生活常识相符合。这样的化学生活化实验才能够给学生带来深刻的印象，产生良好的影响和启发效果。

二、"生活化"教学设计的切入点

1. 课堂引入的"生活化"

以恰当的方式将生活化的场景引入教学，是生活化教学的一个难点。引入方式得当，可以更有效地激发学生的学习欲望，其作用尤其重要。在化学课堂上，教师可以根据不同的课程内容采用复习引入、直接引入、情境引入等多种不同的引入方式。中学化学教材中的很多知识都来源于生活，学生也会接触到很多与化学有关的生活问题，生活化情境设计引入教学，可以通过引发学生兴趣使其快速进入课堂并主动思考，使学习效率大为提升。

案例5："水的净化"教学引入的情境设计——同学们，我们水龙头里的自来水与小河里的水有什么不同？小河里的水为什么那么浑浊呢？我们怎样把浑浊的水变成干净的纯净水呢？下面，我们就来探讨一下水的净化问题。

案例6：在"金属的电化学防护"授课时，教师不妨问学生，回忆一下，铁锈是什么颜色的？为什么是红棕色呢？这个与什么化学反应有关？我们一起来分析一下。这样通过引起学生对生活中感兴趣问题的疑惑和思考，进入新知识的学习和探究，可有效提升学习的效果。

2. 基本概念的"生活化"

很多化学概念较为抽象，学生理解起来存在困难。针对这种情况，教师可通过带着学生解决一些相关的生活问题，让学生有了基本的认识过程后，再将该生活实例中的思想方法横向迁移到所要讲述的化学概念上，这样，学生就容易理解概念的准确含义了。还可以将物质的微观结构、微观粒子的运动、碰撞理论等一些微观的或抽象的知识，运用多媒体手段制作成课件或者制作成模型进行演示，使抽象问题具象化，帮助学生理解，使化学教学过程更加直观、生动，同时，还可以使深奥的道理形象化、枯燥的知识趣味化。另外，在基本概念教学过程中，还可以讲述一些趣味小故事，加深学生对基本概念的印象。

案例7：在学习"金属矿物的开发和利用"这一节知识内容时，可以讲述铝是地壳中含量最高的金属元素，以及关于铝的一些大家所熟知的故事等。在100多年前，铝作为当时一种稀有的贵重金属，被称为"银色的金子"。法国皇帝拿破仑三世制造尊贵的铝王冠，使用一套铝制餐具。

3. 探究活动的"生活化"

探究性学习是一种先进的学习方式，与日常的学习活动结合，使学生善于在生活中发现问题，并会运用科学的研究方法进行探究，以培养学生解决问题的能力和研究探索的意识。在化学教学的实际过程中，教师应充分尊重学生的主体地位，引导学生去质疑、去探究。

案例8："燃烧和灭火"教学片段——先创设情境，以消防员采用灭火器灭火的情境引入"火"的概念。让学生讨论灭火的方式有哪些？分别是什么原理？二氧化碳灭火器为什么能够灭火？油锅着火用锅盖盖住灭火的原理是什么？等等。运用真实的生活场景和实例，调动学生学习兴趣，使得枯燥的化学学习焕发活力。

4. 课堂反馈的"生活化"

作为一个重要的环节，化学课堂教学反馈也应结合"生活化"，教师在设计课堂训练题时，密切联系学生的现实生活，引导学生发现和体会身边生活中的化学知识。课堂反馈训练与生活知识紧密联系，可以进一步让学生意识到本节课所学的化学知识确实是有用的，能够运用到现实生活中，从而充分调动学生的兴趣，让学生体会到乐趣。生活化情境设计训练题，赋予生活化的内涵，使得学生在生动有趣的生活情境中，应用化学知识解决现实问题，充分感受到化学原来如此真实。

5. 课后训练的"生活化"

学以致用，学生学习的化学知识最终要能够应用到生活中去，为生产生活服务。因此，教师应重视课后训练的生活化设计，不能是为了考试去做题，脱离学生生活实际。课后训练与生动鲜活的生活世界紧紧联系起来，不仅能促进化学知识的掌握，也能够使学生认识到化学知识的价值和魅力，从而增强学习的信心和动力。

二、化学教学生活化设计的一般策略

初中化学课程内容包括科学探究、身边的化学物质、物质构成的奥秘、物质的化学变化及化学与社会发展等5个一级主题。在这5个主题教学中，课标要求教师教学时注意贴近学生的生活，联系生活实际，帮助学生感受身边的化学物质及其变化，增强兴趣，认识化学知识在生活实际中的应用。课标中列出了与生活化教学有关的主题、内容标准、活动与探究建议，充分强调教师在教学中应该贯彻化学教学生活化的理念。结合化学课程内容5个主题，在实际教学中，教师应从学生已有的知识经验出发，由浅入深、从简单到复杂，引导学生从观察分析身边的化学现象开始，由表及里逐渐认识和学习物质构成和变化等化学相关知识，并用学到的知识解决社会生活中的实际问题，"从生活走进化学，从化学走向社会"，在用中学，在学中用，不断提升学生核心素养，促进学生学习、发展。

（一）初中化学教学生活化实施策略

1. "科学探究"教学生活化实施策略

科学探究活动是初中学生主动学习化学知识的重要实践，对于促进学生认识和解决化学问题具有重要意义。科学探究的过程涉及提出问题、猜想假设、计划制订、进行实验和总结结论、反思评价等步骤。教师如果能引导学生从身边的日常现象、变化引入科学探究的课题，独立或经过启发发现一些有探索价值的问题，则有利于发挥学生的积极性和创造性，让学生自主选择合适的方法，进行尝试、改造和创新，进行生活化的实验，并努力利用生活中很多材料进行化学实验，这是教师努力的方向。

（1）从身边的日常现象、变化引入科学探究的课题

教师应该引导学生从日常现象中发现一些有探索价值的问题。例如，在日常生活中我们经常需要将一些家庭不需要的废品卖给废品回收站。对家里的废铜线外的塑料保护层进行处理时一般都采用两种方法：一是用刀将外层塑料剥开；二是采用灼烧的方法，利用塑料可燃的性质将其燃烧掉。当将通过两种不同途径进行处理过的铜丝送进废品收购站时，同学们会惊奇地发现两种方法得到的铜丝价格有差异，用刀剥开的铜丝价格大于灼烧掉塑料后得到的铜丝。这是怎么回事？是不是灼烧后的铜丝质量减小了？参加化学反应的各物质质量总和在反应前后是否发生了变化？再如，细心的同学会发现学校的铁质车棚经常日晒雨淋，使用不久就锈迹斑驳，特别是在容易积水和没有油漆保护的部位。同时，每年校工会在车棚上涂防锈漆。同学们也自然会好奇为什么车棚钢架会锈蚀，并思考怎样运用所学的相关化学知识来防止车棚锈蚀。

（2）科学探究实验器具、用品生活化

化学实验是学习化学的重要手段，具有趣味性强、直观性强和效果好等特点。在教学过程中，教师可以引导学生选取生活中常用的材料如易拉罐、眼药水瓶及针筒等作为实验仪器，进行一些简单的家庭小实验，可作为化学课堂教学的有效补充。

（3）科学探究实验内容生活化

教师受限于教学时间，容易忽视身边一些非常贴近生活的化学实验实例。比如，生活中硬、软水的区分，酸雨的危害，溶液酸碱性对头发的影响，等等。这些内容最易引起学生探究的兴趣，而且是非常具有说明意义的，将这些内容放进课堂教学，将会达到意想不到的教学效果。

2."身边的化学物质"教学生活化实施策略

无处不在的自然现象，蕴含着研究物质及其变化的丰富素材。引导学生认识和探究身边的化学物质，了解化学变化的奥秘，是化学启蒙教育的重要内容。

建构主义理论认为，学生是在自己原有的生活经验基础上，在主动的活动中建构自己的知识。也就是说，学习者走进教室时并不是一无所知的"白

纸"，而是在日常的生活、学习和交往活动中，已经逐步形成了自己对各种现象的理解和看法；学习不单单是知识由外向内的转移和传递，而是学习者主动地建构自己知识经验的过程，即通过新经验与原有生活知识经验的相互作用，来充实、丰富和改造自己的知识经验。因此，教师要做一个有心人，经常收集一些与生活有关的教学资料，在教学时要认真分析教材，创设生活情境，将问题巧妙地设计到生活情境中，使学生学得有情趣、学有所得，通过学生对生活问题的疑惑，进入新课的学习，让学生带着问题进行探究思考，提高学习的效果。

3. "物质构成的奥秘"教学生活化实施策略

化学的基本特点是在原子、分子水平上研究物质及其变化规律，宏观与微观的联系是化学学科不同于其他学科的重要特点，也是其他学科不能替代的。由于学生以前很少采用物质微粒观、元素观来思考和解决问题，所以初中学生化学学习的分化点也经常发生在用微粒观、元素观来认识和解决实际问题上。

一方面，教师可以通过整合教材，分散教学难点，促进学生对基本概念的理解，采用理论性知识和事实性知识穿插编排的形式进行教学。例如，鲁教版教材在第一单元"步入化学殿堂"中引入分子、原子的知识，利用"先入为主"的心理特点，让学生在学习化学之初就建立这种思维方式。在第二单元"探秘水世界"中通过对水的分解和水的合成过程的微观分析，让学生初步认识物质发生化学变化的实质；通过对科学家研究原子结构历史的分析，让学生知道原子是由原子核和核外电子构成的；通过对人类认识物质组成的基本成分——元素的认识历程分析，让学生理解什么是元素。在第四单元"我们周围的空气"中引入化学式、化合价的概念等。

另一方面，教师应注重从学生已有生活经验出发，将物质微粒观、元素观知识与社会生活实际紧密联系，精心选择学生熟悉的、蕴含多种知识生长点的物质或现象作为"生活原型"，从该原型出发，不断发现和提出问题，引导学生将微粒观、元素观知识的学习融入有关的生活现象和解决具体的生活问题。

4. "物质的化学变化"教学生活化实施策略

物质世界充满了化学变化，人类的生产、生活离不开化学变化。教师应该紧密联系生产、生活实际，使学生真切地感受发生的化学变化；引导学生通过实验探究认识化学变化的规律，初步了解研究化学变化的科学方法；通过具体、生动的化学变化现象，激发学生学习化学的兴趣，使其逐步形成"物质可以变化"的观点。

案例9：厨房中的化学变化

民以食为天，一道道由各类食材组合而成的菜，经过烹饪，供你果腹，免受饥饿之苦，同时也满足了你的精神需求。但是你是否想过，其实烹饪也包含着丰富的化学知识？烹饪离不开火候，它是菜肴烹制过程中色、香、味、形、质形成的基础。将烹饪中的火候与物质的化学变化联系起来，分析不同火候下物质的化学反应，进一步揭示食物加热中的各种现象的本质，使物质化学变化的学习更加容易理解与掌握。

比如，脂肪在烹饪中既有生香、润滑作用，又是传热的介质。作为传热介质，其传热范围宽（0℃~300℃）。烹饪中，油脂的温度控制在200℃以下的中低温，这时脂肪、水与蛋白质通过乳化作用形成白汤；同时，脂肪又可以通过水解而生成醇、脂肪酸类物质，也可与糖、酸类发生酯化反应。

再如，食物中的色素主要有叶绿素、血红素、类胡萝卜素、多酚类色素等，色素作为生物次级代谢产物，性质极不稳定，易发生变色。如肌肉加热时肌红蛋白发生变性，由红色变为浅红色；绿色叶菜在烹饪过程中脱镁变色；等等。加热是引起食物颜色变化的主要条件，控制温度和加热时间则可以控制食物中色素的变化。烹饪中常采用爆炒、焯水等技术，可最大程度地保护颜色，就是这个原理；而在中火和慢火下，由于加热时间较长，食物的颜色因结构破坏、失水发生改变。

5. "化学与社会发展"教学生活化实施策略

化学科学的发展带来了科技和人类社会的发展进步，同时也难免出现一些对环境、对人类不利的影响。在初中生刚刚接触化学的阶段，让他们了解和正确认识化学与社会发展的关系具有重要意义。通过生活化事例，培养学生合理开发利用资源的意识就显得尤为重要。

案例10："化学与能源"生活化教学设计

本节课的设计处处体现"从科学世界向生活世界回归的化学课堂"这一理念。本课题通过学习各种能源的开发与利用，让学生明白开发绿色能源、新型能源在走可持续发展道路方面的重要意义，逐步树立绿色化学、绿色能源的环境意识，树立为开发新能源、解决能源危机做贡献的理想。

环保意识的培养是一个长期、系统的过程，环保意识的培养应该从孩子抓起。化学教师不仅要教给学生化学知识，更应该教给学生们正确的观念和良好的习惯，结合德育、学科教学与实践活动，通过生活化事例来强化学生的环保观念，培养学生与自然和谐相处的意识，从而不断提升学生的化学核心素养，成为全面发展、德智并重的有用人才。

第三节 "双减"政策促进化学生活化教学

当前，教育部要求为学生减负，提出了"双减"的政策。那么，"双减"政策对化学教学有哪些影响呢？其实，"双减"政策目的也是要提升学生综合素质和核心素养，是有利于开展化学生活化教学的。

一、"双减"政策带来的影响

化学学科是一个实践性很强的学科，在政策实施过程中，对于作业的数量、难度和质量的要求就更高了。因此，"双减"政策对作业设计要求更高，对课堂教学效率的要求更高，"教师应教尽教、学生学足学好"是在"双减"政策下对教学的要求。目前学校课后服务步入正轨，学生在校时间延长，作业量减少，这就意味着不能单纯地增加知识讲解量，不仅效率会降低，学生也会有排斥心理。而化学在课时设置上相比主课时间更短，课后服务时间不能讲解知识，那如何充分地把握在校和课堂时间，保证学生当堂知识的吸收转化，提高课堂效率，就显得很重要了。

"双减"政策下，教学效果评价途径发生改变。"双减"政策配套文件中的有关规定，进一步弱化了考试在教学过程中的分量和重要性。这就意味着老师的教学效果无法通过具体的分数展现，而是体现在学生用知识解决实际问题的能力上。初中生在初三刚接触化学，对于基础知识掌握还不是很牢固，需要教师思考如何在非考试驱动下检查学生的学习效果。

同时，"双减"政策对促进学生全面发展的要求更高。要实现"双减"的目标，不能仅仅靠某一个环节去提高学生的综合素质，就如同解决一个化学问题，不是说只运用化学知识，而是需要综合物理、数学、语文等多方面知识，同时还要有动手能力、团队合作能力，而学生综合素质的培养也需要融入所有教学环节。

"双减"政策给我们的教学提出了很多要求，也带来了很多改变，但所有的这些都是为了对现行教育进行调整和优化，最终要在增增减减中回归教育的本源。所以身为一线教学老师，在面对难点的时候，首先要调整好自己的心态，回归教育的初心使命。同时也需要去逐一攻破难关。

二、生活化教学积极落实"双减"政策要求

生活化教学的很多理念和方法都贴合"双减"政策的要求，应积极适应新要求，科学地利用生活化教学方法达到"双减"的目的和提升学生核心素养的目标。

一是通过生活化教学法提高作业设计质量。生活化教学将生活融入作业，关注目的、相关性、可行性、数量等多个维度，精心设计了作业模板，将生活化教学方法融入其中，形成高质量的作业，达到事半功倍的效果。

1. 在知识性巩固习题部分，选取重点基础知识进行填空，利用一些口诀，例如，"五个不要变，两个一定变，两个可能变"来帮助学生记忆；同时不定时开展学生相互抽问的口头作业练习，刺激学生的好胜心，提高完成作业的主动性；也可以化学学科的新近科技成果为试题背景，比如，从芯片制作、火箭燃料选择等方面切入等。

2. 在典型性综合练习题部分，创设简单的、真实的化工流程，例如，为污水处理厂设计污水处理流程，从解决实际问题入手，让学生可以整合元素化合物、基本概念和基础原理、化学计算等多种学科知识。

3. 在探究创新性练习题部分，考虑到这部分作业是帮助学生拓宽思维能力的，因此会布置开展营养食品小调查、家庭叶脉制作、清洁卫生死角等实践性较强的任务，寓教于乐、寓教于生活，既体现化学学科实践性，又能让学生养成用知识解决实际问题的习惯。

4. 在校本专练部分，目前大多数学校开设的化学校本课程主题是生活化教学的系统性应用课程，所以在作业的布置方面会充分考虑知识的迁移，比如，会让学生动手制作氢气、氧气的微观模型来模拟化学反应过程，模型制作材料易得，降低动手门槛，也能让学生明白动手实践并不难。

5. 在生活化的作业设计部分，不仅可以体现在作业内容上，也可以体现在形式和检查方法上，例如，可以在课余时间开展"我心目中的好作业""好作业我来设计""好作业评选"活动，让大家都来关心作业、研究作业，邀请业内行家诊断指导，让更多的好作业出现在板报上、墙壁上、电子屏上，见贤思齐、耳濡目染，真正让作业负担减下来、质量提上去。

二是通过生活化教学法强化知识吸收。理论知识结合生活实际，能使学生印象更加深刻，更好地内化知识，提高课堂效率。例如，在讲解碳的化合物时，教师首先可利用身边的社会新闻，向学生提出问题：寒冷的冬天，为什么不能在关闭门窗的情况下在家里面生火取暖？通过这样的问题引出其中的化学知识，并借机向学生普及安全教育。

三是通过生活化教学丰富评价途径。生活化教学的理念就是教学方法、教学内容生活化，其实教学评价也可以生活化。传统评价方式主要是考试，但是在"双减"政策背景下，单一化的考试数量已经被显著压缩，生活化的评价方式更贴合当下环境。比如，可举办学生化学实验操作技能竞赛，以比赛的形式去检验学生参与规范实验操作掌握情况。强烈的好胜心是初中生的特点，加上脱离了考试环境的能力测试，让学生参与度空前高涨。类似这些比赛、知识竞赛、汇报展出等都可以成为检验学生学习效果的方式，将评价方法融入学生课余生活，不但能够加强知识的复习巩固，更能创造出良好的学习氛围。同时，因为现在学生基本上都参加了课后服务，也可以利用课后服务时间做一些小活动，比如，"我的近期化学小发现"分享会、"看图片辨金属"小比赛等，全方位多角度对所学习的知识进行检测。

四是通过生活化教学提升综合素养。"双减"强调提升学生核心素养和综合能力，但是传统教学手段较为单一，通常来说就是老师讲学生听，教学形式和教学氛围也比较单调和沉闷，学生很难产生学习兴趣，更不要说提高综合能力了。生活化教学的手段多样，如创设情境、设计实践活动、进行生活小实验等，不仅能够提升学生化学素养，还能提升科学素养、人文素养。比如，开展叶脉作品设计大赛，让学生利用化学知识制作叶脉工艺品。首先树叶本身就是生活中常见的材料，可以消除学生与化学之间的距离。其次学生亲自动手制作又体现了化学的实践性。最后学生在设计、欣赏叶脉工艺品的时候，也提高了他们的审美能力。同样的方法迁移到课堂中，例如，让学生利用所学的知识绘制一幅"看不见的画"，其实就是应用酚酞遇碱变红的特点，兼具科学性与艺术性的生活化教学场景，让枯燥的知识变得充满了乐趣，提高学生的综合素养。

三、"双减"政策下生活化教学应注意的问题

重思维，重精选，重能力，是"双减"政策培养学生的初衷，这些初衷需要配套的实现路径，落实到教学上更要有实际的方法。生活化教学在"双减"的指挥棒下，能够充分发挥它的优势，为教学提供了解决问题的方法。生活化教学可以解决许多在"双减"下的化学教学难题，这就意味着无论哪门学科，都不再是传统的知识灌输，化学也一样，将生活化贯穿化学课前、课中、课后不同阶段。结合生活在学习之前提出疑问，课堂理论现场引导讨论，课中实验把理论和生活结合。

比如，在课前就引导学生思考：神奇的火箭究竟用的是什么燃料呢？在学习"水的净化"这一课时，可以用情境导入：对比学生熟知的锦江河水和纯净水外观上的区别，让学生感悟自然界中的水是存在杂质的。在讲分子之间有间隔时，人在空气中、水中行走时，感觉在水中行走费力，说明液态分子间间隔比气态小。人不能穿墙而过，说明固态分子间的间隙最小。再如，在厨房中也包含很多化学知识。

同时，在进行生活化教学的过程中，还需要注意以下问题：一是教学中要更加关注学生创造性思维的培养，引导学生学会思考，做到融会贯通，举一反三，做学习的主人；二是"双减"要求作业能够灵活设计，选题更有代

表性，最好能分层布置，精选题型，满足不同学生的学习需要；三是通过趣味十足的课堂教学、和睦融洽的师生关系和丰富多彩的学科活动来调动学生的学习热情，激励学生主动扩展学习，提升学习能力。因此，化学教师在日常教学工作中，不仅要多用生活化的例子，还要注意让学生在学习过程中，懂得利用化学知识解决实际问题，把生活化融入教学的各个环节，真正达到提升学生核心素养的目的。

第六章

化学教学生活化设计实例举隅

第一节 二氧化碳的性质与用途

一、教材分析

(一)《课程标准》分析

1. 内容标准：了解二氧化碳的主要性质及用途；了解二氧化碳的相关生活实例；了解自然界中的碳循环。

2. 活动与探究建议：引导学生围绕"空气中的二氧化碳会越来越多吗""氧气会耗尽吗"等问题进行讨论。进行实验探究——人呼出气体中的二氧化碳和空气中二氧化碳相对含量存在什么差别？往紫色石蕊试液中滴入溶有二氧化碳的水，为什么会变红？什么物质使紫色石蕊试液变红？

3. 学习情境素材：温室效应

从课程标准的要求中可以看出，本节课需要以辩论、实验探究、启发式讲解的形式，通过生活中与二氧化碳相关的实例来了解和掌握其主要的理化性质和用途。

(二) 教科书分析

1. 内容体系分析

该节课选自九年级化学上册（人教版）第六单元课题2，属于"碳和碳的氧化物"内容，编排思路为：

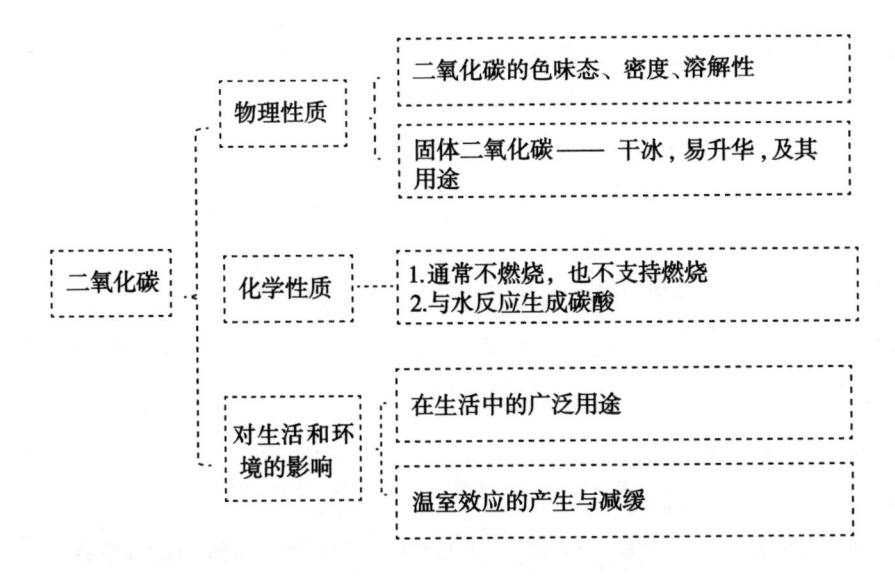

```
                              ┌─────────────────────────────────┐
                              │ 二氧化碳的色味态、密度、溶解性  │
                ┌──────────┐  ├─────────────────────────────────┤
                │ 物理性质 │──┤ 固体二氧化碳——干冰，易升华，及其│
                └──────────┘  │ 用途                            │
                              └─────────────────────────────────┘

                              ┌─────────────────────────────────┐
   ┌────────┐   ┌──────────┐  │ 1.通常不燃烧，也不支持燃烧      │
   │二氧化碳│───│ 化学性质 │──┤ 2.与水反应生成碳酸              │
   └────────┘   └──────────┘  └─────────────────────────────────┘

                              ┌─────────────────────────────────┐
                ┌──────────┐  │ 在生活中的广泛用途              │
                │对生活和环│  ├─────────────────────────────────┤
                │境的影响  │──┤ 温室效应的产生与减缓            │
                └──────────┘  └─────────────────────────────────┘
```

通过分析可以看出，此内容的编排顺序为：从性质到用途，从实验到化学，从生活到化学，符合学生的认知和心理发展规律。

2．内容的地位和作用分析

二氧化碳是空气的重要组成成分之一，其性质决定了其在生活和生产中的重要作用，被广泛地应用于农业、医疗、消防、运输等民生的方方面面，而温室效应的产生和减缓更是国际性永恒话题。因此，本节内容有较为丰富的社会生活背景，从而可以形成较丰富的STSE（科学、技术、社会、环境）知识和教育。从课程标准及内容编排上可以看出，本节内容亦是对元素化合物学习策略的进一步升华和巩固。

二、学情分析

（一）知识方面

通过前面"水"的相关内容的学习，学生已经了解了学习一种化合物需要从理化性质和用途对其进行分析的逻辑思维，了解了从实验中学化学的方法。

（二）心理认知方面

初三学生处于14岁到16岁这个年龄阶段，心理学专家表示，处于这个阶段的青少年，有好奇心，表现欲较强，渴望与人交流。其思想认知正处在形式运算的阶段，具备进行假设—演绎推理的能力。

（三）可能存在的障碍点

化学教育研究表明，实验现象的客观记录属于技能层面，初三刚刚接触化学，对实验现象的客观记录和表述存在障碍，男生和女生无显著性差异。另外，学生由实验现象到实验结论的逻辑推理过程也存在一定障碍，表现为分不清实验现象与实验结论之间的差异，把现象和推理得出的结论混为一谈。

三、教学目标

（一）知识与技能

1. 借助实验，对二氧化碳主要的物理性质、化学性质做到熟练掌握。
2. 通过生活实例，了解二氧化碳的用途。
3. 了解温室效应形成的原理，能提出减缓的可行性策略。

（二）过程与方法

学习通过探究性实验，发现问题，解决问题，获取知识的过程与方法。

（三）情感态度与价值观

通过对温室效应及其减缓的学习，体会化学对解决生产生活实际问题的重要作用，体会化学的魅力。

四、教学重难点

重点：二氧化碳的理化性质、用途，温室效应。

难点：二氧化碳的化学性质。

五、教学方法

谈话—讨论法、讲授法、合作探究法、游戏法、演示—参观法。

六、教学过程

环节	教师活动	学生活动	设计意图与评价
课前·源于生活	【游戏】比一比，谁更会"吹"。准备两支装有澄清石灰水的试管，分别放置两根吸管，请两位学生到讲台上通过吸管向石灰水中吹气，请台下的同学们观察现象。 【提问】呼出的气体是什么？ 【引导过渡】是的，是二氧化碳，我们每天生活在二氧化碳的包围之中，它却是我们"熟悉的陌生人"。那二氧化碳还有哪些不为大家所知的样子呢，我们今天就从化学的角度，来全面学习和了解二氧化碳。 【板书】二氧化碳	【观察现象】石灰水变浑浊。 【预期回答】二氧化碳	通过生活中常见的实例认识二氧化碳，引起学生对知识的兴趣
课中·高于生活　情境问题　自主学习　合作探究　成果展示　任务一	【提问】作为"熟悉的人"，你可以在生活中的哪里发现二氧化碳？ 【提问】你所找到的二氧化碳是什么颜色、什么气味呢？ 【板书】一、物理性质 无色、无味、气态。 【讲授】植物通过光合作用，吸收二氧化碳，放出氧气，而人类吸入氧气，呼出二氧化碳。大自然的神奇。 【提问】消防员叔叔的灭火器是通过二氧化碳达到灭火目的，那同学们知道二氧化碳灭火的原理是什么吗？ 【演示实验】将放在杯中的一高一低两支蜡烛点燃，然后沿着烧杯内壁向里面倒入二氧化碳，仔细观察会出现什么现象。	【预期回答】森林中、汽水中、消防员叔叔的灭火器中。 【预期回答】无色、无味、气态。 聆听，思考 【观察现象】两只蜡烛熄灭，低处的先熄灭，高处的后熄灭	通过问题激发学生获取知识的主动性，再从实验中仔细观察、思考并得出结论，学生的科学素养得以培养。联系实际，让学生感受化学和生活密切相连

87

续表

环节		教师活动	学生活动	设计意图与评价
课中·高于生活	情境问题　自主学习　合作探究　成果展示　迁移应用　深度交流	【提问】通过上面的实验，分析出现的现象，思考一下说明了什么问题？能够得到怎样的结论呢？二氧化碳的密度和空气比较，谁大谁小？二氧化碳能燃烧吗？支持燃烧吗？ 【板书】就密度来讲，二氧化碳比空气大。 不燃烧，也不支持燃烧。 【视频实验】那我们再来看一个实验：将镁带点燃，伸入装满二氧化碳的集气瓶中，镁带仍然能够燃烧，同时有黑色物质在瓶壁出现，有白色固体物质落在瓶底。 【提问】与我们刚刚得到的结论是否相悖？ 【解释原因】不相悖，是因为镁和二氧化碳发生了反应，产生了氧化镁和碳。 【提问】汽水中有二氧化碳，那请问大家，二氧化碳能不能溶于水？ 【演示实验】在矿泉水瓶中装入二氧化碳，然后倒入 1/3 的水，拧上瓶塞后进行振荡。 【提问】可以得出结论了吗？什么结论？ 【板书】能溶于水	【预期回答】二氧化碳的密度比空气大。 不燃烧，也不支持燃烧。 观看，思考 聆听，思考 【观察现象】矿泉水瓶变瘪了。 【尝试回答】二氧化碳能溶于水	
	任务二	【提问】刚刚我们已经学习，二氧化碳具有溶于水的特性，其实，我们生活中喝的汽水就是这样制作的，但我们平时都把汽水叫作"碳酸饮料"，为什么不叫"二氧化碳饮料"呢？ 【实验探究】 【提问】是什么物质让紫色石蕊试液变成了红色？ 【猜想假设】使其变色的物质可能是： 1. 水 2. 二氧化碳 3. 二氧化碳与水	思考 小组合作探究：CO_2 溶解再探究 思考，探究	概括、总结主要内容，知识系统化。 养成良好的学习方法和习惯。 给学生留有余地，拓展学生思维。 巩固、掌握和运用新知识

续表

环节		教师活动	学生活动	设计意图与评价
课中·高于生活	情境问题　自主学习　合作探究　成果展示　迁移应用　深度交流	【反应的生成物】 | 石蕊试纸	第一片	第二片	第三片
---	---	---	---
实验步骤	喷水	放入干燥的二氧化碳中	喷水后放入二氧化碳中
实验现象			| 【设计实验】什么物质使紫色石蕊变色？ 【分析】二氧化碳与水反应生成碳酸。 【结论】碳酸使紫色石蕊试液变成红色 $CO_2+H_2O =\!\!=\!\!= H_2CO_3$ 【探究实验】取已变红的石蕊试液，加热，观察变化。 【现象】紫色石蕊由红色变成紫色。 【分析】碳酸不稳定，易分解。 $H_2CO_3 =\!\!=\!\!= CO_2\uparrow +H_2O$ 【实验结论】二氧化碳与水反应生成碳酸。碳酸不稳定，易分解。 【板书】二、化学性质 1. $CO_2+H_2O =\!\!=\!\!= H_2CO_3$ $H_2CO_3 =\!\!=\!\!= CO_2\uparrow +H_2O$ 【提问】开始新课时，同学在澄清石灰水中吹出二氧化碳，石灰水变浑浊，发生了什么反应？ 【板书】2. $CO_2+Ca(OH)_2 =\!\!=\!\!= CaCO_3\downarrow +H_2O$		
	任务三	【联系生活·小故事】在意大利的一个地方，存在一个非常奇怪的山洞，令人生畏，因为如果人进入这个山洞没有任何问题，但是如果是狗进入洞内就会死亡，当地居民也因此称其为"屠狗洞"。为什么呢？你能用刚刚学到的知识解释吗？	【预期回答】二氧化碳的密度比空气的密度大，因此二氧化碳沉积在人类腰间以下，狗的身高不足人膝，狗的呼吸也需要氧气，因为氧气的含量不足所以狗因缺氧而死。	以生活实例的形式激励学生通过自主学习进一步了解其他的用途，扩展学生的知识面，激发学生的学习兴趣。

89

续表

环节			教师活动	学生活动	设计意图与评价
课中·高于生活	情境问题　自主学习　合作探究　成果展示　迁移应用　深度交流	任务三	【给出线索】经查资料，该山洞中存在很多石笋，会发生一些反应，而生成二氧化碳。 【联系生活·灯火实验】久未开启的菜窖中可能含有大量的二氧化碳，贸然进入可能发生危险，怎么办？ 【讲授】将点燃的蜡烛深入地窖底，看蜡烛是否熄灭或者火焰明显减小。若火焰熄灭或燃烧不旺时，应打开通风口一段时间后才能进入菜窖。 【提问】应用了什么原理？ 【过渡】你还能在生活中找到二氧化碳的足迹吗？ 【板书】三、用途 【讲授】固体二氧化碳又称为"干冰"。干冰具有易升华特点，在干冰升华时会吸收大量的热，形成白雾，因此可以用来做制冷剂。 【图片展示】可以应用在生活中的食物保鲜时的冷藏保鲜和冷藏运输、医疗上血液制品的储存和运输、人工降雨、舞台效果等方面。 【讲授】干冰可用于人工降雨。原理是什么呢？飞机在高空中播撒干冰的时候，干冰升华吸收热量，使空气中的水蒸气遇冷凝结，从而造成降雨。这就是干冰致雨的原理。	【预期回答】二氧化碳不燃烧，也不支持燃烧。 聆听 观看 聆听	培养学生利用先进的手段获得有用的资讯的能力
课后·用于生活			【提问】温室效应是国际性话题，大国之间相互责难和推诿，请问大家，什么是温室效应，怎么产生的？有的只是危害吗？请大家自主阅读教科书，找出答案，并用笔做出标记。 【讲授】存在于大气中的二氧化碳，就好比温室的玻璃或者塑料薄膜的作用，它既可能透过太阳光，同时又可以起到阻止地面热量（吸收太阳光）散失的作用，类似于一层"棉被"对地球进行保温，此现象就是温室效应。	【自主学习】教科书 122 页。 各抒己见 师生合作总结 课后交流	培养学生用规范的语言描述实验现象的能力。 拓展学生思维，把所学知识和生活实际相联系，解决实际问题

续表

环节	教师活动	学生活动	设计意图与评价
课后·用于生活	【思想政治教育】温室效应既有好的一面，又有过度之后，坏的一面，我们要辩证地看待。 【提问】如何减缓？ 【提问】在日常生活中怎样做才算是"低碳"呢？ 【视频展示】二氧化碳能够引起温室效应的气体包括：二氧化碳、甲烷、臭氧及氟利昂等。 【思考】如何减缓温室效应？鼓励多用新能源、实施植树造林、节约用纸、尽量不用一次性筷子等。 【总结】知行合一，在生活中践行。 【课后讨论交流】日常生活中如何做到"低碳"呢？将你的想法与同学交流，并努力去做		

七、板书设计

二氧化碳的性质和用途

一、物理性质

无色、无味、气态、能溶于水、密度比空气大、不燃烧

二、化学性质

1. $CO_2 + H_2O = H_2CO_3 \quad H_2CO_3 = CO_2\uparrow + H_2O$

2. $CO_2 + Ca(OH)_2 = CaCO_3\downarrow + H_2O$

三、用途

八、教学反思

这节课的重点是使用生活化的案例，使学生了解和掌握二氧化碳的理化性质和用途，所有案例经过精心挑选和打磨，做到用最熟悉的实例使学生学

习新知识、培养新感情。此教学设计根据学校和学生实际，不断变化和打磨，实施于铜仁学院附中、松桃大兴中学、坝黄中学，获得认可和好评。

第二节 燃料的合理利用与开发

一、教材分析

（一）《课程标准》分析

内容标准：

1. 知道化石燃料（煤、石油、天然气）是人类社会重要的自然资源，了解海洋中蕴含着丰富的资源。

2. 知道石油是由多种有机物组成的混合物，了解石油通过炼制可以得到液态石油气、汽油、煤油等产品。

3. 了解我国能源与资源短缺的国情，认识资源综合利用和新能源开发的重要意义。

活动与探究建议：

1. 实验：氢气的燃烧。

2. 讨论：比较氢气、甲烷（天然气、沼气）、煤气、汽油等，哪一种燃料最理想？

3. 对少量汽油、柴油、润滑油样品的燃烧进行观察，思考现象，进行调查，了解其用途。

4. 调查当地燃料的来源和使用的情况，提出合理的建议。

（二）教科书分析

1. 内容体系分析

这节课选自九年级化学上册（人教版）第七单元课题，主要是探讨化学与能源和资源的利用方面的内容，编排思路为：

```
                    ┌─────────────────┐  ┌──────────────────────────┐
                    │  化学反应       │──│ 吸热反应                 │
                    │  中的能量       │  ├──────────────────────────┤
                    │  变化           │──│ 放热反应                 │
┌──────────┐        └─────────────────┘  └──────────────────────────┘
│ 燃料的合 │        ┌─────────────────┐  ┌──────────────────────────┐
│ 理开发和 │────────│  化石燃料       │  │ 1.化石燃料               │
│ 利用     │        │  的利用         │──│ 2.使燃料充分燃烧的方法   │
└──────────┘        └─────────────────┘  │ 3.合理选择燃料           │
                                         └──────────────────────────┘
                    ┌─────────────────┐  ┌──────────────────────────┐
                    │  使用燃料       │──│ 燃料燃烧对环境的影响     │
                    │  对环境的       │  ├──────────────────────────┤
                    │  影响           │──│ 减少汽车尾气对空气污染的方法 │
                    └─────────────────┘  └──────────────────────────┘
```

通过分析可以看出，此内容的编排顺序为：从实验到化学，从生活到化学，符合学生的认知和心理发展规律。

2. 内容的地位和作用分析

生活中应用最广泛的燃料莫过于煤、石油和天然气了。煤厂发电，天然气送进千家万户用于取暖、做饭，石油是汽油、柴油的原材料，汽车动力主要靠它们，也有直接使用天然气的汽车，等等。煤、石油和天然气都属于化石燃料，是不可再生能源，因此，我们一定要节约使用。而这些化石燃料产生的废气废物对环境具有污染作用，应注意做到环保。所以，这节课通过活动与探究的方式，引导学生自发思考和讨论，增强学生自主学习的能力。对于天然气，则引导学生弄清楚其成分，借助实验深入了解燃料的燃烧以及燃料对于生产生活的作用，认识这些燃料对人类社会发展的积极贡献，同时，让学生估算这些化石燃料的使用年限，增强学生对合理开发和节约使用不可再生资源的认识。还有燃料燃烧造成的环境污染问题，也是应该引导学生进行了解。课程结合化石燃料燃烧对环境的影响，引导学生提高使用新能源和保护环境的意识。

二、学情分析

（一）知识方面

通过前面不同物质燃烧相关内容的学习及日常生活对燃料的认识，学生已具备学习本节课的知识基础，但对化石能源在生产生活中的应用及影响和对新能源的开发还不太清楚。

（二）心理认知方面

初三学生处于 14 岁到 16 岁这个年龄阶段，已具备阅读资料和总结的能力，有强烈好奇心和表现欲，渴望与人交流。

（三）可能存在的障碍点

学生有独立自主阅读教材及找到相关的知识点的能力，但是可能缺乏独立思考、加工信息的能力。

三、教学目标

（一）知识与技能

1. 了解化学反应中的能量变化。
2. 知道煤和石油的综合利用。
3. 了解化石燃料燃烧会对环境造成污染。

（二）过程与方法

1. 通过自己思考和共同讨论的方式获得有用信息。
2. 了解化石燃料的元素组成及其变化，思考认识化石燃料燃烧造成的环境污染问题。

（三）情感态度与价值观

1. 了解化石燃料属于不可再生能源的特点，增强对能源危机的认识，提高合理开采和节约使用不可再生能源的意识。
2. 通过了解煤、石油、天然气等化石燃料在燃烧过程中产生污染而造成的环境问题，增强学生的环境保护意识、社会责任感和使命感。

四、教学重难点

重点：化学反应过程中发生的能量变化；化石燃料是如何形成的；化学燃料的不可再生性；对煤和石油等燃料的利用。

难点：引导学生独立思考，培养搜索、获取信息的能力；增强对煤、石油作用的认识。

突破重难点的方法：教师进行讲解演示，开展师生合作实验，进行小组讨论，加强互动交流，帮助学生理解重难点知识。

五、教学方法

创设情境→联系实际→探究实验→得出结论→阅读教材→归纳总结→练习巩固。

六、教学过程（第一课时）

教学环节		教师活动	学生活动	设计意图与评价
课前·源于生活		【收集】生活中有关燃烧的素材，如蜂窝煤的燃烧、木材的燃烧、火力发电厂、火箭发射	【回忆】教材学过的燃烧反应，并写出反应方程式，结合生活中的有关燃烧的事例，思考燃烧需要什么条件	复习燃烧的反应，结合生活从已有的知识和经验出发，思考燃烧需要的条件
课中·高于生活	情境问题 任务一 了解化学反应的基本特征：生成新物质 自主学习 合作探究 成果展示	【视频引入】长征二号运载火箭腾空而起，送神舟十一号飞船入太空，场面壮观，震撼人心。火箭尾部长长的火舌划破长空，升向高空。请同学们思考，推动火箭升空的燃料是什么呢？【多媒体展示】偏二甲肼和四氧化二氮液体——火箭使用燃料。【讲解】偏二甲肼是燃料，四氧化二氮液体是助燃剂。回想一下曾学习过的燃烧反应，如蜡烛的燃烧和木炭燃烧，还有铁丝在氧气中燃烧等。从能量的观点来说，在这些化学反应过程中，不仅生成了新物质，同时还有能量（热量）的变化，说明燃烧过程伴随着能量（热量）的产生。【板书】化学变化中的能量变化	【观看并思考】1. 火箭发射升空所需的推动力从何处来？2. 神奇的火箭究竟用的是什么燃料呢？观察实验，描述并记录实验现象，一位同学用手触摸烧杯外壁，并汇报实验现象。写出反应化学方程式，并注明反应类型。【分组实验】镁条与盐酸反应填写学案进行交流讨论	激发学生学习兴趣和求知欲，为学习燃烧知识做好铺垫。认识化学变化的基本特征是在生成新物质的同时，伴随着能量的变化。学会观察现象，利用各种感觉器官观察实验现象并描述出来，知道放热也属于实验现象。会用化学方程式表示物质所发生的化学变化。引导学生知道性质决定用途

95

续表

教学环节			教师活动	学生活动	设计意图与评价
课中·高于生活	情境问题 自主学习 合作探究 成果展示 迁移应用 深度交流	伴随能量变化	【提问】是否只有燃烧才能放出热量呢？ 【实验揭秘】在生活中，我们用的"自嗨锅"，亦即自热式盒饭，其热量就是化学反应产生的。 【演示实验】生石灰与水反应。 【小结】生石灰遇水，两者发生较为剧烈的化学反应，产生出较多水蒸气，同时放出热量，可见是一个放热的化学反应。写出化学方程式。 【小结】化学反应不仅会生成新的物质，而且有能量变化，其主要表现就是放热或者吸热。 【提问】还有哪些反应属于放热反应呢？请根据教师提供药品分组实验。 【图片展示】生产生活中，燃料的使用很普遍，比如做饭、取暖、火箭升空等，处处都需要使用燃料。 【举例】关于生活中对燃料燃烧放出热量的利用，你都知道哪些？能举出一些实例吗？	【分组汇报】实验现象，其他组补充完整。 【思考】根据以上实验请你分析化学变化的基本特征？和同桌交流后，完成学案上的问题。 【预期回答】做饭、取暖、内燃机牵动汽车等	
		任务二 认识化石燃料	【过渡】作为重要的能源，燃料对于人类社会是非常重要的。目前，人们使用的燃料大多来自化石燃料。比如煤、石油和天然气等。 关于它们，你都了解哪些？ 请同学阅读教材回答以下问题。 1. 化石燃料是如何形成的？ 2. 它们可再生吗？ 【图片展示】煤、石油和天然气等化石燃料之所以珍贵，是因为它们是古代生物的遗骸经过很久时间的复杂变化最终形成，因此，属于不可再生资源	【回答】 【自学1】阅读课本137页，有关煤、石油、天然气的资料完成学案并汇报 【自学2】阅读课本138～140页的内容完成学案并汇报查找课本找出化石燃料的组成元素依据物质的元素组成，写出燃烧产物	培养学生学会阅读教材从中获得有用信息，提取、加工信息的能力。 利用质量守恒定律，根据反应前后元素种类不变，通过分析物质元素组成推导反应后的生成物

续表

教学环节		教师活动	学生活动	设计意图与评价
课中·高于生活	情境问题 自主学习 合作探究 成果展示 迁移应用 深度交流	【指导阅读】阅读课本相应内容。 1. 从物质的分类角度思考一下，煤、石油、天然气分别属于哪类物质？ 2. 根据以前所学的知识，分析煤、石油、天然气中都包含什么元素？思考一下如果完全燃烧的话会产生什么气体？会造成空气污染吗？哪一种比较适合直接用作燃料？ 【投影】学生学案 【分析】作为固体混合物，煤所含主要元素是C，另外还有较为少量的H、S、N、O等元素。石油作为液体混合物，它的主要元素包括C、H，另有少量S、N、O等。天然气的主要成分则是甲烷。 【提问】根据这些化石燃料的组成元素，判断充分燃烧后可能产生哪些新的物质？ 【讲授】我们应该了解，这些产物中的粉尘是发生雾霾的主要原因，而产生的二氧化硫和氮的氧化物是形成酸雨的主要因素，这些产物都能够对空气造成污染	CO_2、H_2O、SO_2、NO_2 等 【结论】三种化石燃料中可以直接作为燃料的是天然气	
	任务三 深化认识煤和石油的综合利用	【过渡】天然气可以直接用作燃料。而煤和石油该如何利用才能减少污染，提高效率呢？ 【图片展示】煤的干馏 【讲授】煤干馏会产生多种产品。其中，煤气作为生活燃气，既可以减少污染，又能提高燃料的利用率。 【讲授】作为合理利用化石燃料的一种方式，综合利用化石燃料是值得大力推荐的做法。 【图片展示】石油的综合利用 【提问】关于天然气你有哪些认识，它的燃烧产物是什么？怎么验证？主要成分是什么？ 【视频展示】甲烷的燃烧	【阅读教材】完成学案，了解煤的干馏、石油的分馏，结合资料信息了解煤、石油综合利用所制得的产品涉及面广，产品丰富。 依据甲烷的元素组成，思考分析甲烷燃烧的产物，并对其进行检验。 认真观察实验现象，做好记录。正确写出甲烷燃烧的反应方程式	感受综合利用煤和石油的好处，知道化石燃料对生产、生活的影响，知道化石燃料不可再生，初步形成节约资源的意识。 利用物质的性质，学会设计实验，进行物质检验

续表

教学环节	教师活动	学生活动	设计意图与评价
课中·高于生活 情境问题 自主学习 合作探究 成果展示 迁移应用 深度交流 任务四 知道燃料的充分燃烧的条件	【讨论】 1. 结合木炭、硫在空气中和在氧气中燃烧现象的不同，说明要使燃料充分燃烧需要什么条件？ 2. 在用煤做燃料时，常将煤块处理成煤屑，又是为了什么？ 【小结并板书】 充分燃烧要考虑两点： 1. 燃烧时要有足够的空气。 2. 燃料与空气要有足够大的接触面积。 【讨论】 1. 思考炼钢炉炼钢时不停鼓风的原因？ 2. 在篝火燃烧时，架空木柴比平放在地上更容易燃烧，为什么？ 【提问】仔细观察，燃气灶或煤炉的火焰有的时候出现黄色或者橙色，锅底出现黑色，请分析原因及解决措施	【思考】燃料充分燃烧的条件 【讨论】碳在空气中燃烧的情况和充分燃烧的措施 【思考】燃烧不充分的原因 【讨论】使燃料充分燃烧的方法 【思考并回答】此时就需要调节一下灶具或炉具的进风口，增加空气的进入量	运用对比分析的方法，获得充分燃烧所需的条件 用所学的知识解答生活中的问题，学会举一反三，培养学生迁移运用的能力
课后·用于生活	【分享交流】1. 学习了这节课的内容，你收获了哪些知识？ 2. 对于这次课的内容，你还存在哪些疑惑？	与同桌交流后汇报，带着收获与疑惑进行反馈练习	学会总结

七、板书设计

课题2　燃料的合理利用与开发

一、化学反应中的能量变化 $\begin{cases} 吸热\ C+CO_2 \xrightarrow{高温} 2CO \\ 放热\ CaO+H_2O = Ca(OH)_2 \end{cases}$

二、化石燃料——煤、石油、天然气

1. 形成和组成

2. 甲烷的燃烧

$$CH_4 + 2O_2 \xrightarrow{\text{点燃}} CO_2 + H_2O$$

3. 煤和石油的综合利用

煤的干馏——化学变化

石油的分馏——物理变化

4. 燃料的充分燃烧

一是燃烧时要有足够的空气；二是燃料与空气要有足够大的接触面。

八、教学反思

成功之处	本次课教学以学生活动为主，通过学生自学、归纳、相互交流等形式，整堂课以学生主动学习为主，教师引导为辅，体现了学生作为学习的主人。整堂课互动性较多
不足之处	煤、石油和天然气与生活关系密切，学生们都较为熟悉。但是学生的认识较为肤浅，只是了解化石燃料能够燃烧，可以给生产生活带来极大便利，也有一部分同学了解一些化石燃料的成分组成，但对化石燃料综合利用并不了解或者知之甚少。另外，通过学习引导学生关注能源危机以及环保问题、开展国情教育等问题在课中没有涉及

第三节　水的净化

一、教材分析

（一）《课程标准》分析

1. 内容标准：了解硬水、软水之间的区别；了解净化水的基本方法，如吸附、沉淀、过滤及蒸馏等。

2. 活动与探究建议：开展饮用水源的质量调查，实地参观了解水净化处理的方法；开展活性炭、明矾等净水剂净水实验。

3. 学习情境素材：关于自来水的生产工艺；硬水对日常生活产生的影响。

从课程标准的要求中可以看出，本节课需要以实验探究、启发式讲解的形式，通过生活中与水的净化相关的实例来了解净水的方法。

（二）教科书分析

1. 内容体系分析

本课选自九年级化学上册（人教版）第四单元课题2，属于"自然界的水"内容，编排思路为：

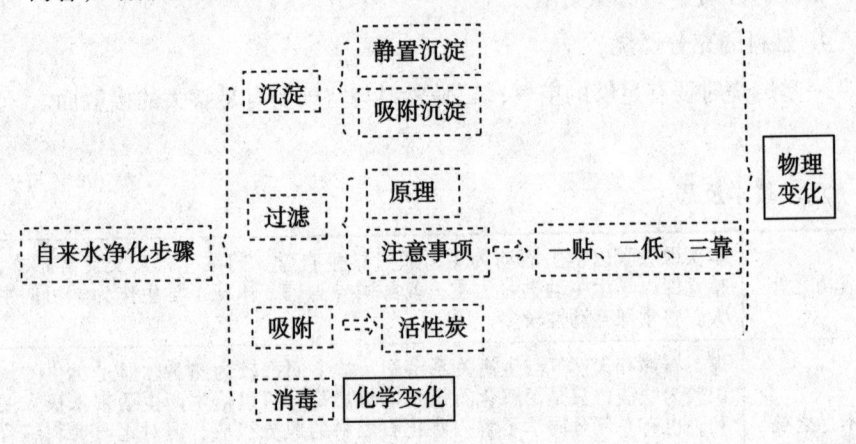

```
                    ┌─ 静置沉淀
            ┌─ 沉淀 ┤
            │       └─ 吸附沉淀
            │                         ┐
            │       ┌─ 原理           │
            │       │                 ├─ 物理变化
自来水净化步骤 ├─ 过滤 ┤                 │
            │       └─ 注意事项 ┄→ 一贴、二低、三靠
            │                         ┘
            ├─ 吸附 ┄→ 活性炭
            │
            └─ 消毒  化学变化
```

通过分析可以看出，此内容的编排顺序为：通过自来水净化主线引出几种净化水的方法，从实验到化学，从生活到化学，符合学生的认知和心理发展规律。

2. 内容的地位和作用分析

"自然界中的水"内容贴近学生的生活体验，学生易于理解。通过"自然界中的水"——水的净化内容学习，可以帮助学生了解化学与生活、化学与社会发展、化学与技术进步之间的关系。学生在"水的净化"探究实验活动中可以增强对化学的好奇心和探究欲望，获得实验的亲身体验，享受合作探究的乐趣。

二、学情分析

（一）知识方面

天然水是混合物，这一点学生了解，知道水中含有不溶性杂质和细菌，但是，学生并不清楚水中还含有可溶性的杂质。对于饮用水的来源有一定了解，知道生活用水来自自来水厂，但不了解自来水厂的具体生产过程，比如，活性炭是怎样吸附杂质以发挥净化作用的。学生虽然知道过滤，也对生活中关于过滤的情形有所了解，但并不太清楚过滤的原理和相关的注意事项。

（二）心理认知方面

学生掌握了一些简单的、基本的化学实验操作技能，但是，关于化学探究学习方法的掌握还处于起始阶段。课程联系学生日常生活较为紧密，使得学生产生了兴奋的情绪和好奇的探究心理。

（三）可能存在的障碍点

课程的学习中，学生可能遇到的困难和问题有以下两点：

1. 混淆自然界中的水和纯水，多认为经过自来水厂净化的水就是纯水。
2. 过滤的实验操作，实验注意事项归纳不完全，导致实验操作失误。

三、教学目标

（一）知识与技能

1. 知道纯水与天然水的区别。
2. 了解净化水的方法有哪些，比如，吸附、沉淀、过滤等，掌握过滤的基本操作。

（二）过程与方法

通过对一杯浑浊天然水进行净化的实验探究，认识净化水的各种方法与净化程度。

（三）情感态度与价值观

1. 感受一杯净化水来之不易，树立珍惜水、爱护水的思想。
2. 通过亲自参与水净化过程的实验探究，感受化学对生活、对社会的积极意义。

四、教学重难点

重点：纯水与自然水存在的区别；沉淀、过滤、吸附等水的净化方法。

难点：培养和提升学生通过现象看本质的分析推理能力。

五、教学方法

讲授法、谈话—讨论法、演示—参观法、合作探究法。

六、教学过程

教学环节			教师活动	学生活动	设计意图与评价
课前·源于生活			【创设情境】对比锦江河水和纯净水。 【提问】锦江河水和纯净的水有什么区别呢？为什么锦江河水浑浊些，有气味和颜色呢？ 【引导过渡】我们知道，自然界中的许多水，比如，河水、湖水、井水、海水等，里面都含有许多可溶性及不溶性的杂质，所以看起来都是浑浊的。那么，如果我们要使用的话，通过什么样的方法来净化这些含有杂质的天然水呢？ 【板书】水的净化	观察 【预期回答】锦江河水比纯净水浑浊一些。纯水是无色、无臭、清澈透明的液体	创设情境，激发兴趣，并引起学生质疑和思考，引入主题
课中·高于生活	情境问题	任务一 水的净化：沉淀任务	【提问】生活中的经验：暖壶底的水往往会浑浊，这时候你该怎么办呢？ 【引导过渡】看来大家都很有生活常识，对，通常一杯浑浊的水，我们可以给它静置一段时间，取上层清液使用。 【提问】同学们提到了"静置"，这样做的目的是什么呢？	【预期回答】静置一段时间，杂质就会沉到水杯的底部，而上部的水比较澄清。 【预期回答】无色、无味、气态。 回答 聆听	

续表

教学环节		教师活动	学生活动	设计意图与评价
课中·高于生活	情境问题　自主学习　合作探究　成果展示　迁移应用　深度交流	【讲授】在化学上我们把这一过程称为"沉淀"，这也是自来水厂进行水处理的第一步。 【板书】1. 静置沉淀（沉降大颗粒杂质） 【过渡】刚才同学们在自主预习时，看到自来水净水过程中加入了絮凝剂，什么是絮凝剂呢？ 【讲授】对于一些细小的不溶性杂质，本身质量很轻，靠自身重力不容易沉降下来，所以，在水净化的实际过程中，尤其是一次要处理很多水的时候，我们常常会在这些水中添加絮凝剂，这种絮凝剂可促进不溶物快速沉淀。比如说，明矾就是一种比较常用的絮凝剂。 【演示实验1】 步骤一：将一个瓶中的浑浊水倒一半到另外一个瓶子中（至红色标记）。 步骤二：在第二个瓶子中添加明矾粉末，并拧紧瓶盖。 步骤三：振荡加入明矾的瓶子使其溶解到水中，然后放在桌上静置，与第一个瓶子进行对比，观察两个瓶子中水的区别。 【提问】通过实验观察，我们能够得到什么样的结论呢？ 【板书】2. 吸附沉淀：加入絮凝剂，促使沉降 【提问】谁来说说明矾净水的原理？	根据课前预习的知识回答 聆听 回答 观看 观察现象	指导学生用好生活中的素材，提高学生阅读分析能力。通过实验培养学生操作技能，并能对实验中的问题进行分析
		【提问】沉降后，要得到澄清的水我们用什么操作方法呢？ 【创设情境】铜仁农夫山泉水加工流程（取优质水源地六龙山的山泉水经过一系列水的加工处理，石英砂过滤、活性炭过滤、膜过滤） 【提问】过滤的原理是什么呢？初中化学实验室该如何进行过滤操作呢？	思考 观看 聆听，思考，体会 回答问题 学生动手对刚才沉降过的污水进行过滤操作，体会操作要点	

103

续表

教学环节			教师活动	学生活动	设计意图与评价
课中·高于生活	情境问题　自主学习　合作探究　成果展示　迁移应用　深度交流	任务二　水的净化：过滤	【演示实验2】 过滤，边操作边讲述注意事项。在实验巡视过程中及时总结同学们在实验过程中出现的问题，及时提出问题，让学生更加明白"一贴、二低、三靠"的目的和作用。 【要点归纳】 一贴：滤纸要紧贴漏斗的内壁。（滤纸用水润湿，用玻璃棒擦） 二低：滤纸上缘低于漏斗上缘；滤液的液面要低于滤纸的上缘。 三靠：烧杯口紧紧依靠玻璃棒；玻璃棒下端紧靠于三层滤纸的一边；漏斗的下端要紧靠烧杯内壁。 玻璃棒的作用：引流 【提问】1. 通过过滤，滤液比2号瓶更清澈了吗？ 2. 若过滤后，滤液仍然浑浊，可能是什么原因造成的？浑浊的滤液应该如何处理？ 3. 观察滤纸上有什么杂质？ 【板书】 3. 过滤 原理：除去不溶性杂质 注意事项：一贴、二低、三靠 玻璃棒作用：引流 【提问】其实我们在生活中有过很多过滤的经验，大家能联想到吗？ 【联系生活展示图片】 【生活拓展】思考野炊需要净化水的时候，用生活中的什么物品来分别替代实验室中的滤纸、玻璃棒和漏斗呢？	思考、分析、交流联想 【预期回答】茶壶过滤，吃米粉等面食用筛子滤水。 思考、联想	通过讨论完成教材中的思考题，为过滤操作做好理论知识的储备。 学生通过实验现象收集证据并得出结论，小组成员体会合作实验、探究的快乐
		任务三活性炭吸附	【过渡】正是这样两步操作才使得我们的自来水去掉了不溶性杂质，变得澄清。 【提问】刚才的过滤，去除了不溶性杂质，但是过滤后的水可以直接饮用吗？你闻一闻过滤的水有什么味道？	【预期回答】不能。观察、对比 【观察现象】颜色褪去、异味消失。 【得出结论】活性炭能吸附水中的颜色、异味	通过实验培养学生操作技能，并能对实验中的问题进行分析

续表

教学环节		教师活动	学生活动	设计意图与评价
课中·高于生活	情境问题　自主学习　合作探究　成果展示　迁移应用　深度交流	【讲授】虽然刚才的操作除去了不溶性杂质，但仍然还有其他可溶性杂质会造成颜色和异味等。对于这些可溶性的杂质，我们常通过活性炭吸附的方式来净化。那么，经过活性炭吸附过滤后的水产生哪些变化呢？下面我们就一起来完成下面这个实验。 【实验】取两杯有异味、加了红墨水的水，其中一杯加入活性炭，再次过滤，观察滤液。 【总结】活性炭具有吸附能力，能够吸附色素、异味等。 【讲授】活性炭的吸附原理及其作用：能除去颜色、气味。该过程是物理变化。 【联系生活】活性炭在生活中有哪些应用呢？		
	任务四　自来水净化过程	【提问】经过上述操作净化后的水，可以直接使用吗？那要怎么操作呢？ 【讲授】消毒：投氯气消毒。 【讲授】经过学习，同学们了解了自来水厂净化水的过程：一是沉淀；二是过滤；三是吸附；四是消毒。那我们一起来总结下自来水加工的流程。 【小结】吸附、沉淀、过滤是生产生活中常用的净水方法，也是化学实验中对混合物进行分离的一般方法。 【板书】沉淀→过滤→吸附→消毒 【课堂练习】详见课件 【课外实验】自制简易净水器	【预期回答】不行，还有微生物。 师生合作总结。 练习，纠错。 课外小实验	学生了解自来水净化过程。 通过学生自制净水器等多种形式，提升用化学知识解决实际问题的能力，有助于激发学生的化学学习兴趣

七、板书设计

水的净化

自来水厂净化步骤：

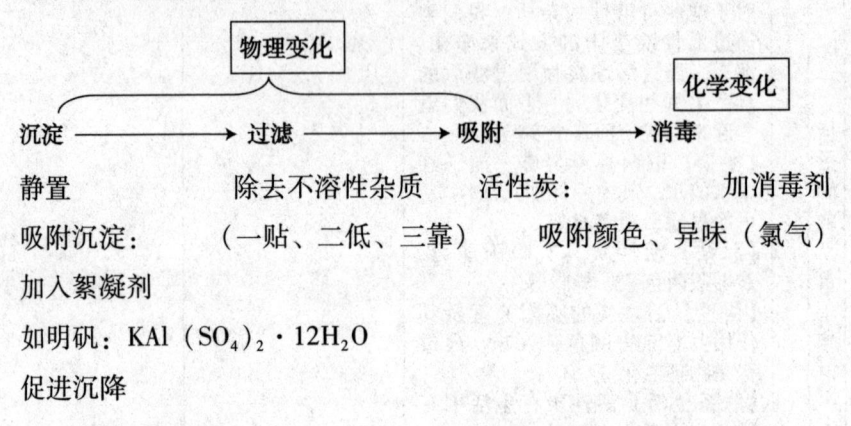

沉淀 → 过滤 → 吸附 → 消毒

（物理变化：过滤、吸附）　（化学变化：消毒）

静置　　　　　除去不溶性杂质　　　活性炭：　　　　　加消毒剂
吸附沉淀：　　（一贴、二低、三靠）　吸附颜色、异味（氯气）
加入絮凝剂
如明矾：$KAl(SO_4)_2·12H_2O$
促进沉降

八、教学反思

这节课的重点是使用大量生活化的案例，使学生了解和掌握水的净化，所有案例经过精心挑选和打磨。教学使用最熟悉的实例，学生联系生活学习新知识、培养综合能力。此教学设计根据学校和学生实际，不断变化和打磨，实施于铜仁学院附中、松桃大兴中学、坝黄中学、铜仁第十二中学，获得认可和好评。

第四节　生活中常见的盐

一、教材分析

氯化钠的用途，以及碳酸钠、碳酸钙、碳酸氢钠的化学性质和用途，是这节课程的主要内容；同时掌握分解反应的定义。本次课是初中化学的教学内容重点。学生需要掌握与氯化钠相关的化学反应，需要学会判断化学反应发生的条件、方程式的写法。作为初中阶段的 4 种基本反应类型中的最后一个，而且是初中课程化学反应内容的升华，具有一定的难度，而且较为重要。

二、学情分析

这节课作为"生活中常见的盐"课题中的第一课，涉及盐与酸之间的反应，这与以前学习过的制取 CO_2 的反应和灭火器原理中的反应有着密切关系。同时，学生不了解或者说很少接触盐与碱之间的反应以及复分解反应内容，是学生较为陌生的新知识、新内容。因此，这节课也应以这方面内容作为教学重点。

学生已了解的基本知识：盐作为日常生活中不可或缺的烹饪用品，一日三餐都少不了。让学生进一步了解碳酸钠、碳酸氢钠与碳酸钙等都是生活中常见的盐，掌握常见酸、碱的性质及用途，掌握基本的化学反应；对一些错误的认识进行纠正，比如，学生常把生活中的"盐"与化学概念中物质分类的"盐"相混淆等。

学生已具备的基本能力：通过不断学习，学生增强了基本的化学学科能力，具备认识、分析和动手探究的化学学习能力。能够通过学过的化学知识和方法去解决日常生活中的一些问题，并具备基础的实验技能和初步开展实验设计的能力。

三、教学目标

（一）知识与技能

1. 掌握氯化钠、碳酸氢钠、碳酸钠以及碳酸钙的组成，了解其在生活中的用途。

2. 可以根据复分解反应发生的条件，对酸、碱、盐之间的反应能否发生进行判断。

3. 掌握碳酸根离子的检验方法。

4. 掌握蒸发操作技能，可综合运用有关操作分离和提纯固体混合物。

（二）过程与方法

1. 学会分析实验中出现的问题。

2. 学会观察和分析整理实验现象。

(三) 情感态度与价值观

1. 认识化学与生产、生活有密切的联系。

2. 了解前人的事迹，增强学习化学的信心。

四、教学重难点

重点：

1. 过滤、蒸发等分离提纯物质的基本操作技能。

2. 酸、碱、盐的反应——复分解反应。

3. 碳酸根离子的检验方法。

难点：

1. 分析粗盐提纯实验的误差。

2. 归纳复分解反应及条件。

五、教学方法

讲授法、情境导入法、讨论交流法、实验探究法。

六、教学过程

教学环节	教师活动	学生活动	设计意图与评价
课前·源于生活	【引入新课】 【投影展示】上节课布置的"实验与观察" 1. 在家中观察食盐的颜色、状态。 2. 品尝食盐的味道。 3. 舀取一药匙食盐，分别放进冷水和热水中，观察食盐溶解的速度。 4. 食盐具有很多用途，要求学生通过报纸、书刊及网络了解食盐的用途，编制"食盐的妙用"资料卡片。 5. 通过了解食盐用途，说一说关于积累知识有哪些体会和启发。	将自己所做的"实验与观察"与同学交流	激发学生的表现欲望

第六章 化学教学生活化设计实例举隅

续表

教学环节		教师活动	学生活动	设计意图与评价
课中·高于生活	情境问题 自主学习 合作探究 成果展示 迁移应用 深度交流		【展示】自己的资料卡片，谈谈自己所了解的食盐的用途。	
	任务一	一、氯化钠 根据学生所谈到的食盐的用途，引导学生归纳氯化钠在医疗、农业、食品、工业和交通等方面的用途。 【投影图片】 1. 氯化钠的用途 介绍食盐在生活中的妙用： (1) 洗澡的时候，在水中倒入一些食盐，具有强健皮肤的作用。 (2) 将鲜花插入加入少许盐的水中，可以使鲜花保持多天不凋谢。 (3) 用食盐擦拭一遍新买的玻璃器皿，则具有不易破裂的效果。 (4) 用淡食盐水浸泡有颜色的衣服数分钟后再洗，则有不易掉色的效果。 (5) 出现黑点或者生锈的铜器，可以用食盐进行擦除。 (6) 如果误食有毒的物品，赶快喝一点食盐水，能够起到解毒的作用	【整理、归纳】 1. 医疗上：配制生理盐水（100g水中含有0.9g医用氯化钠）、用盐水消毒和漱口等。 2. 农业上：用10%～16%的氯化钠溶液来选种。 3. 食品业：用食盐腌渍蔬菜、鱼、肉、蛋等，使这些食品风味独特，还延长保质期。 4. 工业上：重要的化工原料。 5. 交通上：将氯化钠撒在雪上，可使路面积雪消融，减少事故的发生。 【学生观看资料图片】 了解食盐在日常生活中的一些妙用。	培养学生通过自己熟悉的方式获取有用信息的能力，自主学习。 让学生学会归纳、整理的方法。 食盐对学生来说再熟悉不过了，在熟悉的生活情境中学习自己熟悉的物质，学生会更加感兴趣，并易于接受相关的新知识。还能够通过学习解决有关生活实际问题，让学生在乐趣中学习，让学生感到学习的快乐，以及化学知识的魅力。
	任务二	2. 氯化钠的生理作用： 【讲解】食盐对于人体具有重要作用。首先，食盐是人们生活中烹饪食物不可缺少的调味品。人们食用的氯化钠大部分在体液中以离子形式存在。其中，钠离子具有维持细胞内外正常的水分分布和促进细胞内外物质交换的作用。氯离子作为胃液的主要成分，具有帮助消化及增进食欲的效用。通过食用食盐可以补充由于大量出汗、排尿等流失的氯化钠。但是，需要特别注意的是不可长期摄入过量的食盐，而钠离子如果摄入过少的话，则会使得钾离子进入血液，导致血液变稠和皮肤发黄。	聆听讲解。 学生看书思考。 【回答】 自然界中的海水、盐湖、盐井、盐矿中蕴藏大量的氯化钠。 观看录像、图片，获取新的知识。 让学生观看录像，了解工业制盐的大致过程。	引导学生掌握氯化钠在生理方面的重要作用。 引导学生养成看书、思考的好习惯，提升学生理解与归纳知识的能力。 以多媒体演示形式，使学生切身感受化学和生产生活的紧密联系。 引导和激发学生的探究欲望，掌握食盐的几种制取方法。

109

续表

教学环节	教师活动	学生活动	设计意图与评价
课中·高于生活 情境问题 自主学习 合作探究 成果展示 迁移应用 深度交流 任务二	3. 介绍氯化钠的分布： 【提出问题】 同学们知道哪些地方蕴藏大量的氯化钠吗？ 4. 食盐的制取： 你想知道如何从海水中提取食盐吗？ 【播放录像】 (1) 海水晒盐： 如何提取自然界中的氯化钠，其方法是将海水、盐湖或是盐井中的水，蒸发水分，达到饱和后继续蒸发，就会使食盐析出。但这样获得的食盐含有较多的杂质，因此叫作粗盐。 【投影图片】盐田 你想知道工业上是如何制食盐的吗？ (2) 播放录像：工业制食盐的过程		
任务三	5. 盐与食盐 你听说过盐中毒的事情吗？ 【播放录像】 (1) 用工业盐烹调食物引起中毒的事件资料。 (2) 不法商贩用工业盐腌渍食品的资料。 引导学生提出盐和食盐的区别。 【简介】几种有毒的盐 亚硝酸钠（$NaNO_2$）、硫酸铜（$CuSO_4$） 二、碳酸钙的用途 【提出问题】 1. 在生活中见到过石灰石吗？是否了解石灰石的特征及作用？ 2. 同学们收集到哪些含有碳酸钙的物质？	【讨论】交换信息。 【观看录像，思考问题】 为什么食盐可以食用，而有些盐不能食用呢？ 【学生讨论后回答】 盐与食盐的区别：食盐不等于盐，食盐是一种物质，而盐是一类物质，食盐是盐的一种。 回答问题，交流	创设问题情境。通过具体实物让学生去感知、体验、对比，加深对正确知识的印象，纠正错误认识，完成新知识的理解和运用。 结合学生已有知识、经验，通过共同学习获得新知识

续表

教学环节		教师活动	学生活动	设计意图与评价
课中·高于生活	情境问题 自主学习 合作探究 成果展示 迁移应用 深度交流	展示一块石灰石和一只牙膏 3. 石灰石和牙膏之间有什么联系？ 【讲解】在牙膏中，有一种配料与石灰石的主要成分一样。这种配料以石灰石为原料。这就是碳酸钙（$CaCO_3$）。 4. 碳酸钙有什么用途？ 【小结】 在建筑业中，碳酸钙被大量使用。碳酸钙是天然石灰石、大理石的主要成分。碳酸钙可以作为补钙剂等。 【提出问题】 你参观过溶洞吗？ 【投影图片】 知道这些石笋和钟乳石是如何形成的吗？ 介绍石笋和钟乳石的形成过程。 【讲解】溶洞大多分布在石灰岩组成的山体中，石灰岩的主要成分是碳酸钙，当遇到溶有二氧化碳的水时，会反应生成溶解性较大的碳酸氢钙；溶有碳酸氢钙的水遇热或当压强突然变小时，溶解在水里的碳酸氢钙就会分解，重新生成碳酸钙沉积下来，同时放出二氧化碳。洞顶的水在慢慢向下渗漏时，水中的碳酸氢钙发生上述反应，有的沉积在洞顶，有的沉积在洞底，天长日久洞顶的形成钟乳石，洞底的形成石笋，当钟乳石与石笋相连就形成了石柱。 三、碳酸根离子和碳酸氢根离子的检验 【实验探究1】 你知道怎么样检测一种物质是否含有碳酸钙吗？ 从上面的实验中同学们可以得出什么样的结论？	展示生活中收集到的含有碳酸钙的实物，介绍实物的用途（石灰石、大理石、汉白玉）。 思考、联想、大胆猜测。 【提出结论】 1. 石灰石和牙膏没有任何联系。 2. 石灰石和牙膏中的主要成分相同。 学生交流课前通过查阅报纸、书刊或者是通过互联网所收集到的碳酸钙的用途。 观看图片。 聆听讲解。 欣赏广西桂林地区的溶洞奇观和教师旅游过程中拍摄的溶洞中的钟乳石、石笋的照片。 讨论实验方案并分组实验。 【分组实验】 每个小组用实验来检验已准备好的石灰石、大理石。观察现象并记录。写出有关化学方程式。 交流汇报实验结果：样品加入稀盐酸，产生气泡，将气体通入澄清石灰水中，产生白色沉淀。 $CaCO_3+2HCl =\!=\!= CaCl_2+H_2O+CO_2$ $CO_2+Ca(OH)_2 =\!=\!= CaCO_3\downarrow +H_2O$	引导学生猜想，积极引导学生的思维碰撞，激发学生的探究欲。 培养学生合作学习能力。 联系实际和地理知识，展现化学魅力、激发学生兴趣。培养学生热爱祖国美丽河山的情感。 用丰富的实际素材让学生感知熟悉的对象，进一步激发学生学习的兴趣。 向学生渗透实验是学习化学的重要方法和思想。培养动手能力和合作精神。 培养学生用规范的语言描述实验现象的能力。 拓展学生思维，把所学知识和生活实际相联系，解决实际问题。 从"提出问题、猜想假设、设计方案、实验探究、获得结论、解释交流"整体流程出发，精心设计问题情境，引导学生熟悉上述探究过程。培养和增强学生科学探究的意识，促进养成科学探究的方法。 培养、增强同学们分析、归纳问题的能力。

111

续表

教学环节	教师活动	学生活动	设计意图与评价
课中·高于生活 情境问题 自主学习 合作探究 成果展示 迁移应用 深度交流 任务四	【提出问题】 从石灰石可以与盐酸反应，你联想到了什么问题？ 【投影图片】盐酸腐蚀含碳酸钙的建材 【实验探究2】 让学生按照上述方法进行实验。将标有药品名称的药品（Na_2CO_3、$NaHCO_3$、K_2CO_3、$MgCO_3$）分发给学生，引导学生按照上面实验的方法进行实验，观察看到的现象。因此可以得到什么结论？ 【提出问题】 为什么以上的实验现象相同呢？引导学生从以上物质的化学式着手找出实验现象相同的原因。 引导学生对碳酸根和碳酸氢根的检验方法进行归纳总结。 【小结】 1. 碳酸盐的定义——化学式中含有碳酸根离子的纯净物。 2. 掌握对碳酸根离子或碳酸氢根离子进行检验的方法。 |	Na_2CO_3	$NaHCO_3$
---	---	---
现象		
方程式		| |	K_2CO_3	$MgCO_3$
---	---	---
现象		
方程式				思考、回答： 石灰石几乎全部溶解在盐酸中，产生二氧化碳气体，说明石灰石的主要成分是碳酸钙。 联想盐酸腐蚀含碳酸钙的建材。 【思考】应如何预防建材的腐蚀？ 分组进行实验并记录实验现象。 填写下表。 思考现象相同的原因。 观察以上物质的化学式，得出结论：以上物质的化学式中都含有碳酸根离子CO_3^{2-}或者是碳酸氢根离子HCO_3^-。 归纳碳酸根离子或者碳酸氢根离子的检验方法： 将稀盐酸加入物质中，如果生成气体，该气体能使澄清石灰水变浑浊，证明该物质中含有碳酸根或者碳酸氢根	培养学生勇于探索的精神、增强同学们的创新精神，学会运用所学的化学知识来解决生活中的实际问题。 使课堂气氛活跃，使学生改变机械记忆的方式，从而轻松愉快地学习知识。 进行爱国主义教育。通过学习侯德榜先生的生动事迹和感人精神，激励学生好好学习，为国家争光，为民族造福

续表

教学环节		教师活动	学生活动	设计意图与评价
课中·高于生活	情境问题 自主学习 合作探究 成果展示 迁移应用 深度交流	任务四	【设计家庭小实验】如果家里厨房中有两个都盛着白色固体的瓶子，忘了哪一瓶是碘盐（NaCl），哪一瓶是纯碱（Na_2CO_3）。请学生想办法利用手边的条件把它们区分出来。并简要叙述需要准备实施的实验方案、实验步骤和预计出现的现象。 四、碳酸钠和碳酸氢钠的用途 1. 碳酸钠和碳酸氢钠的用途： 【动画演示】《苏式"三姐妹"》 【内容】 通过生动的演示介绍苏打、小苏打和大苏打的特性、区别和用途。它们名字相似，但性质不同，用途也不一样。 苏打（Na_2CO_3）学名是碳酸钠，俗名又叫作纯碱或者苏打粉。其用途最广，作为重要的化工产品，可作为玻璃、肥皂、纺织、造纸、制革等的原料。日常生活中，可直接用作洗涤剂，蒸馒头时可以添加一些，作用是中和发酵过程中产生的酸，而且令馒头柔软疏松。 小苏打（$NaHCO_3$），即碳酸氢钠，又称重碳酸钠或酸式碳酸钠。俗名还有发酵苏打、重碱等。其可用在灭火器中，因为它可以反应产生二氧化碳，同时是发酵粉的主要原料之一，也是饮料的一种原料，在医疗上是抑制胃酸过多的药剂。 2. 侯德榜：通过投影对侯德榜先生的事迹进行介绍。1921年侯德榜先生为了发展我国的民族工业，毅然离开美国回国，刻苦钻研制碱技术，获得成功，改进了西方的制碱方法，发明了联合制碱法，为国家工业发展做出了杰出的贡献	分组设计实验方案并交流。 【动画演示】碳酸钠和碳酸氢钠在生产、生活中的用途。 【观看投影】聆听侯德榜先生的事迹，激发爱国热情。学生在课堂上上网查找侯德榜先生的相关事迹，了解相关的化学知识。 【回答】 我们学到了以下一些东西： 1. 氯化钠、碳酸钙、碳酸钠和碳酸氢钠在生活和生产中有广泛的用途。 2. 组成里含有碳酸根离子或者碳酸氢根离子的盐都能与盐酸反应，生成二氧化碳气体。 学生可以提出问题。思考、练习。 课后通过查阅相关资料完成。 认真阅读。 学生思考并完成练习。	

续表

教学环节	教师活动	学生活动	设计意图与评价
课中·高于生活	情境问题 自主学习 合作探究 成果展示 迁移应用 深度交流	任务四	【提问】这节课你学到了哪些东西？ 你还有什么问题呢？ 教师帮助学生解决问题。 【练习和巩固】 1. 在我国某地曾经发生过把外形和食盐相似，有咸味的工业用盐误当食盐，食用以后中毒的事件，这种工业用盐含有的有毒物质可能是：（ ） A. $KMnO_4$　　　B. $CuSO_4$ C. Na_2CO_3　　D. $NaNO_2$ 2. 氯化钠溶液中溶有少量碳酸钠，下列物质中可用来除碳酸钠的是：（ ） A. Zn 粉　　　B. Ca（OH）$_2$ C. 盐酸　　　D. 硫酸 3. 由于长期敞口放置在空气中的氢氧化钠溶液可能变质，那么用_____试剂可以进行检验，在检验过程中的化学方程式如下：_____。 【作业】 写一篇"盐一家的自白"短文，通过拟人的手法与其他同学开展交流讨论，进一步掌握常见盐的性质与用途		

七、板书设计

<table>
<tr><td colspan="2" align="center">第四单元　盐　化肥
课题1　生活中常见的盐</td></tr>
<tr>
<td>一、氯化钠
1. 盐、食盐、氯化钠的区别
2. 用途
二、碳酸钠、碳酸氢钠和碳酸钙
1. 用途
2. $CaCO_3+2HCl=\!\!=\!\!=CaCl_2+H_2O+CO_2\uparrow$
$Na_2CO_3+2HCl=\!\!=\!\!=2NaCl+H_2O+CO_2\uparrow$</td>
<td>$NaHCO_3+HCl=\!\!=\!\!=NaCl+H_2O+CO_2\uparrow$
$Na_2CO_3+Ca(OH)_2=\!\!=\!\!=2NaOH+CaCO_3\downarrow$
3. CO_3^{2-} 或 HCO_3^- 的检验
4. 复分解反应：$AB+CD=\!\!=\!\!=AD+CB$
5. 复分解反应发生的条件：生成物中有气体、沉淀或水</td>
</tr>
</table>

八、教学反思

这节课与学生的日常生活关系密切，与社会生产生活的发展也密不可分。在进行教学设计过程中，特别注意与社会实际相联系，注重调动学生的探究积极性和学习主动性，引导学生在强烈的兴趣中寻求新知识，变枯燥的化学知识学习为生动的实验探索，把学习当作一种乐趣；同时，在进行课程时，尽可能与学生生活实际契合，以丰富的实物、录像和图片等，让学生亲自感知、体会生活中蕴含的化学知识，加深对化学知识的理解和在实际中的应用。本课题的两个课时分别对氯化钠、碳酸钙、碳酸钠和碳酸氢钠的组成及用途进行介绍，以及对粗盐的提纯和复分解反应进行介绍。

本课程通过学生探究实验，培养了学生的探究意识和探究能力，促使学生在实践中学习知识，让学生切身体会化学与社会生产及实际生活的密切关系。并在实践活动中增强学生的合作精神和参与意识，注重合作学习以及师生互动的方式，较好地体现了"三全"教学模式，达到了提升学生化学核心素养的培养目标。最后通过侯德榜先生的先进事迹，融入了爱国主义教育。

第五节　空气

一、教材分析

（一）《课程标准》分析

1. 内容标准：从课程标准的要求中可以看出，本节课需要以辩论、实验探究、启发式讲解的形式，通过生活中与空气相关的实例来了解和掌握其主要的方向和用途。

2. 活动与探究建议：空气虽然看不见、摸不着，但作为充满世界每一个角落的物质和人类生存须臾不可离开的重要物质，很容易引起学生学习兴趣。学生们可以从网络等多种途径了解空气的相关知识。本课题教学以空气为主题开始，就是要"从学生熟悉的事物入手，进行科学教育"。同时，课程实验从仿照到学生自主设计实验，逐渐深入，易于接受，符合学生学习的思维方式和特征。

3. 学习情境素材：通过本课题的学习，让学生充分体验探究的乐趣，对化学学习充满兴趣。

从课程标准的要求中可以看出，本节课需要以辩论、实验探究、启发式讲解的形式，通过生活中与空气相关的实例来了解和掌握其主要的理化性质和用途。

（二）教科书分析

1. 内容体系分析

本课时选自九年级化学上册（人教版）第二单元课题1，属于"我们周围的空气"内容。教材从内容上可分为三部分，一是空气的组成；二是空气作为一种宝贵资源的原因；三是如何保护空气。主要是强化学生对空气组成等知识的掌握，增强学生保护宝贵空气资源的意识，同时为学生进一步从学科角度上认识空气做好铺垫。本课题第一部分安排了【实验2-1】。通过实验，可以学习实验操作，培养学生观察与分析实验现象的能力。

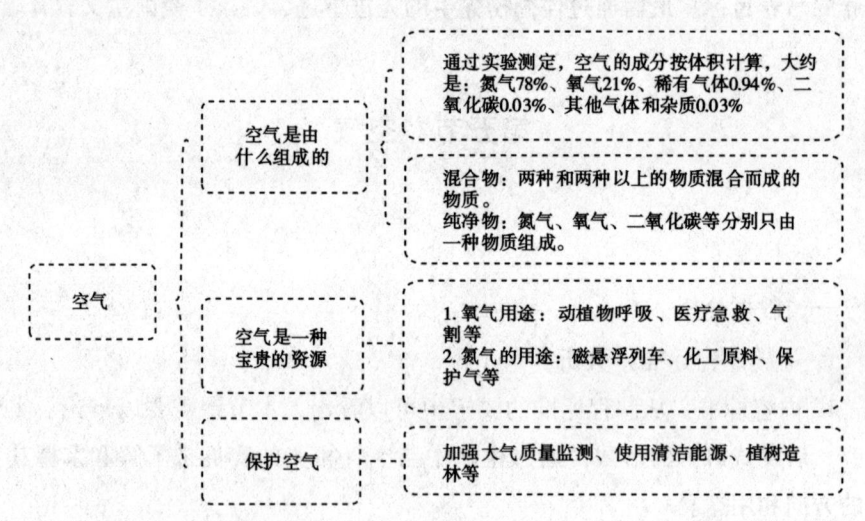

```
           ┌── 空气是由      ┌── 通过实验测定，空气的成分按体积计算，大约
           │   什么组成的 ───┤   是：氮气78%、氧气21%、稀有气体0.94%、二
           │                 │   氧化碳0.03%、其他气体和杂质0.03%
           │                 │
           │                 └── 混合物：两种和两种以上的物质混合而成的
           │                     物质。
           │                     纯净物：氮气、氧气、二氧化碳等分别只由
           │                     一种物质组成。
           │
  空气 ────┤   空气是一种    ┌── 1.氧气用途：动植物呼吸、医疗急救、气
           │   宝贵的资源 ───┤      割等
           │                 └── 2.氮气的用途：磁悬浮列车、化工原料、保
           │                     护气等
           │
           └── 保护空气 ────── 加强大气质量监测、使用清洁能源、植树造
                               林等
```

2. 内容的地位和作用分析

了解人类生存与进步是学习化学科学的意义之一，因此，化学的启蒙教育首要任务是要选择与人类绝对密不可分的身边的物质。空气是学生在化学课上学习的第一种物质，安排在课题最前面并据此展开学生从化学角度认识

物质是最具有代表性意义的。由于空气就在我们的身边，再加上学生学习化学之前学习过空气的知识，因此本课在知识方面没有难点。但从化学的角度来看，学生需要系统学习对物质进行研究的方法和思路，培养学生从科学实验到科学结论的意识，有效渗透科学思想和形成正确的科学态度，从而使学生走进科学研究的殿堂。

二、学情分析

（一）知识方面

空气是学生身边的重要物质，了解空气资源的组成及重要性，目的是促进学生增强自觉保护空气的意识。本课题知识点较为简单，因此教学过程中注重引导学生开展自主学习，教师做适当引导，注意培养学生独立进行学习的能力，引导学生在共同交流和讨论的过程中了解和学习新知识。

本课程主要围绕空气这种物质，选择以"保护空气"这一个有意义的社会主题作为引子引入课程，从社会生活到化学课堂，符合学生的认识规律和认知特点，有助于学生进一步形成正确的生活理念和社会观念。从知识方面来说，本课程教学主要是感知空气的存在，空气成分，氧气、氮气及稀有气体的性质、用途，以及空气污染的原因及防治方法等。因为空气时时刻刻在学生们身边，学生提前对空气知识也有所了解，因此本节课在知识教学方面难度不大，教师在教学中要从已有的知识层面出发，让学生循序渐进，逐步形成完整的空气知识结构。使学生感觉化学就在身边，学化学并不难。另外，学生对于日常空气污染几乎没有切身体验，因此加强学生保护空气的意识，培养学生的社会责任感应该是这次课程更重要的任务。

（二）心理认知方面

初三学生正好处于14岁到16岁的年龄段，有青春期的叛逆心理，喜欢做一些和别人不一样的事情，充分想在某方面展示自己。但发展心理学研究表明，青春期阶段的青少年的认知适合进行假设—演绎推理。有强烈好奇心和表现欲，渴望与人交流。希望自己能够和自己信任的人谈心交流，不习惯太多的管制，想要拥有自己的私人空间。

（三）可能存在的障碍点

化学教育研究表明，实验现象的客观记录属于技能层面，初三学生刚刚接触化学，面对新事物，他们也都是非常渴望知情的，但是当他们觉得没意思就会非常抵触，再加上老师们的管制，就会造成很多学生不愿意主动学习，会依赖老师的强制要求，如果老师不强制要求就会造成他们的懒惰，不愿意主动去做。而且他们对实验现象的客观记录和表述存在障碍，男生和女生无显著性差异。另外，由实验现象到实验结论的逻辑推理过程学生也存在一定障碍，表现为分不清实验现象与实验结论之间的差异，把现象和推理得出的结论混为一谈。

三、教学目标

（一）知识与技能

1. 掌握空气的主要成分。

2. 掌握氧气、氮气以及稀有气体的特性及用途。

3. 对混合物和纯净物的概念进行初步认识。

4. 了解空气是一种宝贵的自然资源，以及空气遭受污染的危害，培养保护环境和热爱自然的情感。

5. 初步掌握科学实验的方法，学会观察并记录，同时初步学会对实验现象进行分析。

（二）过程与方法

引导学生阅读课本、回答问题并进行交流讨论，让学生初步掌握信息总结、整理与归纳的学习方法。

1. 通过对"测定空气里氧气含量"实验的操作、观察、分析，了解空气的组成。

2. 通过比较空气、氧气等几种常见物质，加深对混合物和纯净物概念的理解。

3. 通过调查空气污染情况，了解空气污染的危害，引导学生学习简单的防治空气污染的方法。

（三）情感态度与价值观

1. 了解空气污染的严重危害。

2. 知道空气是一种宝贵的自然资源。

3. 培养关注和爱护环境，热爱自然的情感。

四、教学重难点

重点：了解空气的成分并知道其用途，及如何保护空气。

难点：了解空气的成分并知道其用途，及如何保护空气，调动学生学习的积极主动性。

五、教学方法

讲授法、调查—讨论法、演示—参观法、合作探究法。

六、教学过程

教学环节		教师活动	学生活动	设计意图与评价
课前·源于生活		通过电脑播放这样一组画面：大自然美丽的环境，有蓝天、白云、溪水，以及绿树、花朵和阳光，引出我们身边密不可分的空气，请学生们深呼吸，向学生提问，是否能用一个简单的实验或实例来证明无色无味空气的存在？【板书】空气	仔细观察，认真听讲，反复思考。【讨论发言】能够说明空气确实存在的实验或实例。【合作探究】堵住注射器的末端后推动活塞很难，做个深呼吸，说明空气的存在	创设情境，激发学生学习化学的兴趣，通过深呼吸及推动活塞的实验证明空气的存在
课中·高于生活	情境问题 自主学习 合作探究 任务一	【情境问题】空气是一种看不到、摸不着的天然物质，科学家们经过漫长的研究，如何揭开了组成"空气王国成员"的奥秘？【过渡】显示拉瓦锡研究空气成分的有关图片，向学生讲述拉瓦锡研究和发现空气组成的过程故事。【提问】在实验过程中，拉瓦锡是怎样发现气体少了1/5的？	【听故事、思考问题】拉瓦锡利用汞燃烧消耗密闭容器空气中的氧气而导致容器中的气压减少	学生通过拉瓦锡发现空气组成的故事，知道科学研究是严谨的、漫长的，同学们今后学习要以认真、严肃的态度学习科学知识

续表

教学环节	教师活动	学生活动	设计意图与评价
课中·高于生活 情境问题 自主学习 合作探究 成果展示 迁移应用 深度交流 任务二	【提问】拉瓦锡的实验有没有不足？ 【提问】我们如何用简单装置来测定空气里氧气的含量？空气里除了氧气还有哪些成分？ 【实验2-1】所需的仪器，并组织学生抢答下列问题： （弹簧夹 空气 红磷 水 装置图） 1. 有关仪器的名称。 2. 集气瓶中有物质吗？ 3. 谁能说出空气的成分有哪些？ 4. 拉瓦锡的"测定空气里氧气含量"与教科书中的"测定空气里氧气的含量"原理一样吗？	【思考】装置复杂、耗时、选择汞作为原料对环境有污染。 思考有关问题。 【预期回答】 1. 仪器有集气瓶、烧杯、导管、弹簧夹、燃烧匙。 2. 集气瓶里有空气。 3. 空气含有氧气、氮气、二氧化碳等。 4. 原理一样，都是利用可燃物燃烧消耗密闭容器中的氧气而导致容器中的气压减小。	培养学生养成动脑动手的思维方式和独立思考能力，让学生体会科学探究之美
任务三	【观察记录】 在实验过程中观察到了什么现象？尝试分析一下原因？把观察到的现象以及原因进行分析，与其他同学进行交流讨论。 【提问】实验中实际与理论有没有误差？ 依据拉瓦锡的研究，氧气大约占1/5体积，但是在我们的实验中，发现气体减少的体积小于1/5，这是为什么呢？请分析可能的原因？想一想红磷熄灭后，瓶内剩余的气体有哪些？ 【提问】空气是由几种物质组成的呢？ 纯净物：由一种物质组成的。 混合物：由两种或多种物质混合而成，这些物质之间没有发生反应，各自保持各自的性质	【观察记录】 描述实验现象：产生大量白烟，瓶里水位上升大约一个刻度。 【结论】红磷燃烧消耗了瓶内的氧气，致使瓶内的气压减小，造成水的倒流。 【探讨】 分组讨论、交流结果。 水面上升达不到1/5的原因有：1. 装置漏气或红磷不够；2. 没有冷却就打开弹簧夹	培养学生观察能力、思维能力、分析问题和解决问题的能力。让学生体验化学的神奇之处。 让学生体验化学的神奇之处，同时学会分析产生误差的原因。 学生讨论思考回答问题，有利于培养学生团结合作的学习能力，体会与他人合作的乐趣，以及团队协作的力量

120

续表

教学环节		教师活动	学生活动	设计意图与评价
课中·高于生活	情境问题　自主学习　合作探究　成果展示　迁移应用　深度交流 任务三	【练习】判断下列物质哪些是纯净物，哪些是混合物？ 1. 净化的新鲜空气 2. 氧气 3. 氮气 4. 海水 5. 冰水混合物	红磷不能继续燃烧，说明瓶内剩余的气体不支持燃烧。 【结论】空气不是单一物质，而是由多种物质组成的。 分组讨论、交流结果。 空气的成分组成如下：按体积大约是氮气占78%、氧气占21%、稀有气体占0.94%、二氧化碳占0.03%、其他气体和杂质占0.03%。 学生总结：空气的成分主要是氮气和氧气，其中氮气约占4/5，氧气约占1/5。 判断，回答。 【预期回答】 氧气、氮气、冰水混合物是纯净物，净化的空气、海水是混合物	
课后·用于生活		通过上述探究活动，师生共同总结，得出空气是由与红磷产生反应的气体（氧气）和与红磷不产生反应的气体（氮气）组成	【讨论】 五氧化二磷有毒，在做实验过程中应注意保护环境，在密闭容器中进行	训练学生的发散思维，培养其想象和推理能力。引导学生树立环保意识，增强学生保护环境的责任感

七、板书设计

第二单元　我们周围的空气　课题1 空气

一、空气是由什么组成的

1. 空气中氧气含量的测定装置

出现的现象：瓶中产生大量白烟，并产生热量，打开弹簧夹，烧杯中的水倒流到集气瓶中，并上升到集气瓶约 1/5 处。

文字表达式：磷 + 氧气 $\xrightarrow{\text{点燃}}$ 五氧化二磷

$$P \quad O_2 \quad\quad\quad P_2O_5$$

1. 空气的成分：氮气占比 78%、氧气占比 21%、稀有气体占比 0.94%、二氧化碳占比 0.03%、其他杂质和气体占比 0.03%。

2. 混合物：由两种或两种以上的物质混合成的物质，比如空气。

3. 纯净物：只由一种物质组成的物质，如氮气、氧气或者二氧化碳等。

八、教学反思

改进课堂形式：通过设置先进学习榜样形式，答对的小组给予奖励加分，并评出名次，增强学生的成就感。

这节课的重点是使用实验原理的案例，让学生掌握空气的性质及用途。在教学过程中，更应注重实验，通过实践与实验，训练学生提升观察、思考和动手实践的能力，提升学生对化学的学习兴趣。空气与人类生存关系密切，而且其污染危害严重，教育学生树立环保的思想认识。

第六节　化学肥料

一、教材分析

（一）《课程标准》分析

内容标准：知道一些常见化肥的名称和作用。

活动与探究建议：常用铵态氮肥的检验。

（二）教科书分析

1. 内容体系分析

本课时选自九年级化学下册（人教版）第十一单元课题2，属于"盐 化肥"内容，编排思路为：

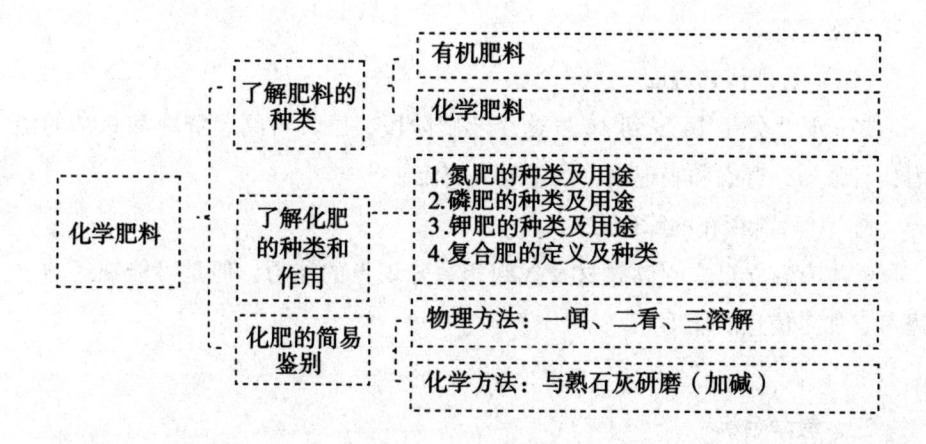

```
                ┌─ 了解肥料的    ┌─ 有机肥料
                │   种类        └─ 化学肥料
                │
                │              ┌─ 1.氮肥的种类及用途
                │  了解化肥     │  2.磷肥的种类及用途
 化学肥料 ──────┤  的种类和  ──┤  3.钾肥的种类及用途
                │  作用        └─ 4.复合肥的定义及种类
                │
                │  化肥的简易   ┌─ 物理方法：一闻、二看、三溶解
                └─ 鉴别        └─ 化学方法：与熟石灰研磨（加碱）
```

通过分析可以看出，本课题分为三个部分：一是认识化肥，二是介绍化肥的种类及用途，三是化肥的简易区分。此内容的编排顺序为：从生活到化学，从实验到化学，符合学生的认知和心理发展规律。

2. 内容的地位和作用分析

化学肥料是生活和生产中常用的物质，是对农作物有特殊作用的盐类。通过学生自己思考、阅读和讨论来学习有关化学肥料知识，以培养学生的主动学习能力。通过本课题学习，引导学生认识这些身边的物质对人类生活的重要性和重大影响，认识它们对人类生产生活以及文明发展的影响，进一步深入理解人与自然的关系。通过对化学肥料使用利弊的辩证分析，理解事物的两面性，学会辩证看待问题。

二、学情分析

（一）知识方面

通过前面酸碱盐的学习及日常生活对肥料的认识，学生已具备学习本节课的知识基础，但对化学肥料在生产生活中的作用及影响和对新型肥料的开发还不太清楚。

（二）心理认知方面

初三学生处于 14 岁到 16 岁这个年龄阶段，已具备阅读资料和总结的能力，有强烈好奇心和表现欲，渴望与人交流。

（三）可能存在的障碍点

学生有独立自主阅读教材及找到相关知识点的能力，但是可能缺乏独立思考、加工信息的能力。

三、教学目标

（一）知识与技能

1. 了解化学元素在植物生长中的重要意义，了解常见化肥的种类及作用。
2. 了解农药、化肥等对环境造成的影响。

（二）过程与方法

1. 学习通过分析、归纳等方法加工有关信息。
2. 引导学生自学，提高学生语言组织能力。
3. 学会辩证看待问题，认识事物的两面性。

（三）情感态度与价值观

树立为提升人们生活水平、保护环境和维护人类健康而学习化学的决心。

四、教学重难点

1. 知道常见化肥的种类和作用。
2. 归纳初步区分氮肥、磷肥和钾肥的步骤和方法。

五、教学方法

复习引入→自习归纳→探究实验→得出结论→归纳总结→应用实际。

六、教具准备

学生用具：仪器包括烧杯、药匙、天平、玻璃棒、试管、酒精灯、研钵及研杵等。

药品：碳酸氢铵、氯化铵、磷矿粉、硫酸钾、过磷酸钙、硫酸铵、氯化钾和熟石灰。

七、教学过程

教学环节	教师活动	学生活动	设计意图与评价
课前·源于生活	准备素材，资料如下，布置学生阅读。【资料1】当前，农作物增产基本上都要采取施用化肥的方法，施用化肥的增产作用明显，能够占到各类增产因素总和的30%~60%。【资料2】农作物病害可造成农作物减产，甚至带来重大灾难。如，1845年在爱尔兰开始的马铃薯疫病，造成了"爱尔兰大饥荒"，75万人饿死，几十万人逃荒等	阅读教材和查阅资料，知道化肥的种类及作用，了解农家肥和化肥的优缺点，并结合教师所给资料，以小组为单位了解使用化肥与农药的功与过	课前了解肥料的种类及作用，培养学生查阅资料及获得信息、处理信息的能力

续表

教学环节		教师活动	学生活动	设计意图与评价
课中·高于生活	情境问题　自主学习　合作探究　成果展示　迁移应用　深度交流	任务一　知道肥料种类及作用	【提问】什么叫作盐？写出氯化铵、硫酸铵、碳酸氢铵、硝酸铵、氨水、硝酸钾、碳酸钾的化学式。 【过渡】其实同学们书写的这些盐都是生活中常见的化学肥料的主要成分。肥料对农作物有什么作用呢？植物生长需要什么营养元素呢？要了解这些知识，让我们一起进入化学肥料的学习。 【板书】课题2　化学肥料 【提问】你知道生活中常用肥料有哪些吗？知道这些肥料中含有植物生长所需的哪些元素吗？	回答并写出物质的化学式。 【预期回答】人畜粪便、绿肥、氮肥、磷肥等。 对植物所需营养元素不清楚。	复习盐的概念及书写化学式，让学生知道即将学习的化学肥料属于盐类。 调动学生的积极性、求知欲。
			【提问】1. 农作物所需要的营养元素有哪些？哪三种元素需要的量最大？ 2. 氮、磷、钾肥分别都有什么样的作用？常用的氮、磷、钾肥有哪些？ 3. 什么是复合肥？ 【拓展】氮的固定。 【图片展示】正常植株与分别缺乏N、P、K营养素的植株的图片。 【提问】假如你是植物培养技术员，这些植物该怎样施肥？ 【小结并板书】 "氮磷钾，叶根茎（一根筋）" "钾抗倒伏，磷抗旱，枝叶稀疏使用氮"	【阅读】自学教材79~81页找到问题的答案。 【归纳】用自己的语言归纳常见氮肥、磷肥、钾肥的常见种类及对农作物生长的影响。给出合理的建议。 【倾听】了解氮的固定途径	培养学生阅读教材的能力，从教材获得新知。通过自己语言归纳主要知识点，提高学生组织语言的能力。 学以致用，再次巩固氮肥、磷肥、钾肥的作用。 拓宽视野，增长知识面

续表

教学环节		教师活动	学生活动	设计意图与评价
课中·高于生活	情境问题 自主学习 合作探究 成果展示 迁移应用 深度交流	任务二 辩证看待使用化肥与农药的功与过	【问题】多施化肥、农药就好吗？要注意哪些问题？ 【讲授】随着科学技术的进步，农药的开发具有下列特点：一是高效低剂量；二是环境相容良好；三是安全性高。对高效、低毒、低剂量的农药的研究是农药研究者亟待攻破的难题，这个重大使命也有赖于你们去攻破！	【阅读】阅读教材81页并结合资料，以小组为单位讨论使用化肥与农药的功与过。并发表各小组讨论结果。 【归纳】有利：提高农作物产量。 不利：1. 危害人体健康； 2. 对环境（空气、水等）有污染。 【结论】合理使用化肥、农药。	培养学生善于用辩证的方法看待问题。树立为提高人们生活水平、维护人体健康而好好学习化学的决心。
		任务三 学会简易鉴别化肥	【提问】对于失去标签的化肥，你有什么办法鉴别出来？巡视并适时指导。 【提示】学生认真观察实验现象并做好记录。 【提问】根据上述实验，怎样鉴别化肥？ 【小结并板书】化肥的简易鉴别方法： "一看、二闻、三溶、四加熟石灰"。 【提问】铵肥与熟石灰一起研磨有刺激性气体产生，请书写反应方程式。由此可知，使用铵肥时有哪些注意事项？ 【提问】如何鉴别氯化铵、硫酸铵与碳酸氢铵？	【学生分组实验】根据教师提供实验器材，结合教材82~83页要求完成实验和表格。 【小组汇报】常见化肥的辨认方法。 涉及的反应方程式： $2NH_4NO_3 + Ca(OH)_2 =\!=\!= Ca(NO_3)_2 + 2H_2O + 2NH_3\uparrow$ $(NH_4)_2SO_4 + Ca(OH)_2 =\!=\!= CaSO_4 + 2H_2O + 2NH_3\uparrow$ 【反思】使用铵肥不能与碱性物质混合使用。 【设计实验方案】鉴别氯化铵、硫酸铵、碳酸氢铵。	根据物质的性质，初步学会鉴别常用的氮肥、磷肥、钾肥的方法。掌握根据物质的性质差异鉴别物质的一般方法。 通过实验增强学习的乐趣。并培养学生动手能力与合作精神。 运用所学盐的知识鉴别物质。达到学以致用。

续表

教学环节	教师活动	学生活动	设计意图与评价
课中·高于生活		先自行设计再小组交流，讨论可行的方案。 【方案1】分别取少量样品于试管中加水溶解，加入稀盐酸，有气泡产生的是碳酸氢铵，再向剩余的样品加入氯化钡，有白色沉淀产生的是硫酸铵，无明显现象的是氯化铵。 【方案2】分别取样品闻气味，有刺激性气味的是碳酸氢铵，取剩余样品少量于试管中加水溶解，加入硝酸酸化的硝酸银，有白色沉淀产生的是氯化铵，无明显现象的是硫酸铵	
课后·用于生活	【提问】这节课你学到什么？ 【布置作业】教材84页的调查与研究	谈谈你的收获或者体会。 以小组为单位通过互联网、相关书籍和报刊完成教材的调查内容，并相互交流。 历史上由于病虫害引起的农业灾荒，以及与化肥、农药相关的研究成果。例如，1918年、1931年、2007年，与合成氨有关的研究曾3次获得诺贝尔化学奖；农药DDT杀虫效果的发现获1948年诺贝尔生理学和医学奖，但后来因为DDT对环境危害较大而被禁用。 化肥、农药使用的现状及未来趋势	学会归纳总结。 培养学生通过互联网获得知识的途径方法，同时拓宽知识视野

八、板书设计

课题2　化学肥料

化肥简介

1. 常见化肥种类及作用

"氮磷钾，叶根茎（一根筋）"

"钾抗倒伏，磷抗旱，枝叶稀疏使用氮"

使用化肥与农药的利弊

2. 化肥的简易鉴别"一看、二闻、三溶、四加熟石灰"

$2NH_4NO_3 + Ca(OH)_2 =\!\!=\!\!= Ca(NO_3)_2 + 2H_2O + 2NH_3\uparrow$

$(NH_4)_2SO_4 + Ca(OH)_2 =\!\!=\!\!= CaSO_4 + 2H_2O + 2NH_3\uparrow$

九、教学反思

本次课题紧紧围绕"自主学习、合作学习、探究学习"的教学新理念进行教学设计。其中注意培养学生关注生活、关注社会、关注环境的公众意识。教育学生成为具有环保意识的现代公民。在课堂上引导学生积极谈论、交流和发言，开展实验探究等活动，通过"眼、口、手"等多种感官获得知识，整个课堂轻松活跃，学习氛围比较浓。《化学肥料》设计成一个课时，整堂课中内容紧凑，一环接一环，知识点多。这堂课不足的地方是没有能够深入介绍过量使用化肥的副作用，也没有足量的课堂练习，这个课题以后设计成两个课时比较适宜，以保证学生对知识点可以逐个消化，从而减轻学习负担。

第七节 爱护水资源

一、教材分析

通过第二单元的学习，学生对身边的化学物质——"空气"有了初步的了解，接着学生又认识了另一种身边的化学物质——"水"，并学习了水的组成、性质及其净化，最后展开"爱护水资源"这样一个社会课题，符合学生认知特点，由浅入深、由易到难，而且有利于发展学生多方面能力。本课题主要介绍两部分内容：一是水资源状况，一方面从储量上介绍水的丰富，另一方面从可直接利用的淡水量上说明水的短缺。从一个事物的正反两面来认识事物的方法，不仅有利于学生对水资源状况有一个全面、正确的认识，而且有利于增强学生辩证思维的能力，学习用发展的眼光看待问题。二是水资源的保护，从节水和防治水污染两个角度介绍。这部分内容注重情感、态度与价值观的体现，培养学生节水、爱水的意识以及关心社会、为社会做贡献的社会责任感。这两个问题与学生生活紧密相关，也是这节课的重点内容。

二、学情分析

（一）知识方面

九年级学生由于刚刚接触化学，分析、归纳、概括能力相对薄弱。我所面对的学生为铜仁市市区的学生，由于铜仁市并未出现严重缺水现象，学生对于淡水危机和水污染问题，直接经验和间接经验都不具备，所以如何让学生感受淡水危机和水污染给人类带来的严重后果，如何解决水体污染问题，是本堂课的难点所在。

（二）心理认知方面

初三学生处于14岁到16岁这个年龄阶段，发展心理学研究表明，该阶段的青少年的认知处于形式运算阶段，思维形式摆脱了思维内容，可以进行假设—演绎推理。有强烈好奇心和表现欲，通过学习让学生了解世界和我国的水资源状况，学会用辩证的方法看待问题，增强节水意识，培养学生社会责任感。

（三）可能存在的障碍点

在学习过程中，化学教育研究表明，初三学生刚接触化学，对于概念的理解还存在问题和障碍。所以，在本课时的学习中，学生容易将节约用水措施和防治水体污染的措施混为一谈，区分不出两者的区别，在答题过程中容易犯错误。

三、教学目标

（一）知识与技能

1. 了解地球上水资源的存在和分布情况。

2. 掌握水体污染的来源、危害及防治水体污染的措施，形成节水和爱水意识。

（二）过程与方法

1. 通过对水资源的了解，学习用辩证的方法看待水资源的丰富和有限。

2. 学习利用数字和图表来获取信息，并对所得信息进行加工、整理。

（三）情感态度与价值观

1. 增强学生节约用水和爱护水资源的意识。

2. 培养关心社会、为社会做贡献的社会责任感。

3. 初步懂得合理利用和保护水资源的重要性和迫切性，从而形成保护环境以及节约用水的好习惯。

四、教学重难点

重点：用辩证的方法看待水资源的丰富和有限，培养学生的节水意识。
难点：节水措施和防治水体污染的措施的区分。

五、教学方法

讲授法、谈话—讨论法。

六、教学过程

教学环节	教师活动	学生活动	设计意图与评价
课前·源于生活	【引入课堂】同学们有没有听过一句话叫"女人是水做的"？ 【提出问题】那同学们觉得这句话说得对吗？ 【引导过渡】其实这句话说得不错，不过为什么会有这种说法呢，是因为在人体内水的含量占大部分，一般成年人体内水占65%~70%，婴幼儿体内含水量更多，高达80%以上，鱼类70%~80%，水母、藻类90%以上，香蕉、生菜90%以上，等等，可以看出我们生物体内都含有较丰富的水。说到水，应该没谁不知道吧，水是地球上最普通、最常见的物质之一。今天我们就来一起学习一下第四单元——自然界的水。 【板书】课题1 爱护水资源	【回答】听过。 【激烈讨论】 答案不一 认真聆听	创设情境，激发学生学习化学的兴趣

续表

教学环节		教师活动	学生活动	设计意图与评价
课中·高于生活	情境问题 自主学习 合作探究 成果展示 迁移应用 深度交流	任务一	【图片展示】观看图片，我们可以看到一个蔚蓝的地球。 【提出问题】为什么我们看到地球的颜色是蓝色的? 【讲授】不错，因为地球大部分被水覆盖，含水量高达71%。 【板书】地球71%被水覆盖。 【提出问题】那这么多水在地球上都以什么形式存在呢?请同学们思考一下。 【讲授】没错，就是以这六种形式存在，总储水量约为 $1.39×10^{18} m^3$，其中海洋是地球上最大的储水库，约占全球总储水量的96.5%。 浩瀚的海洋孕育着无数水生生物，还蕴含着丰富的化学资源，含有化学元素80多种，同学们看到书本69页最上面这个资料卡片，是我国渤海、黄海、东海、南海海水所含主要化学元素。 【提出问题】既然地球上有着丰富的水资源，为什么我们还会经常听到缺水的新闻呢?特别是非洲和我国的东部地区。 【讲授】是的，尽管地球上的水资源很丰富，但可直接使用的淡水很少，我们看一下PPT上的这张图片，陆地淡水只占2.53%，其中可利用的约占30.4%，还不到总水量的1%。 【板书】总水量充足，可用淡水资源少，可利用淡水不足总量的1%。 【提出问题】水资源短缺的原因? 【讲授】本来淡水资源就很少，再加上人类的不合理使用导致水资源变得更加紧缺	【预期回答】地球上大部分都是水。 【预期回答】海洋水、湖泊水、河流水、地下水、大气水和生物水。 认真聆听，做笔记思考 【预期回答】并不是所有的水都能直接使用。 认真聆听，做笔记 【预期回答】1. 可利用淡水资源有限（不到总水量的1%），且分布不均。 2. 人类生活、生产的用水量不断增加。 3. 水体污染现象严重。 4. 用水浪费现象严重	从自然界中的水资源信息入手，学生容易归纳地球上总储水量的认识，概括相同点，进而了解淡水资源的匮乏。培养学生善于观察和语言表达能力。 培养学生独立思考能力，体会科学探究之美

续表

教学环节		教师活动	学生活动	设计意图与评价
课中·高于生活	情境问题　自主学习　合作探究　成果展示　迁移应用　深度交流	任务二	【图片展示】我们看到PPT上这张图片，跟书上70页最上面的图片差不多，从图上我们可以看出我国水资源总量不少，但人均水量只有2048m³，约为世界人均水量的四分之一，居世界第7位。 【图片分析】PPT上是一张水资源紧缺指标的一个表格，我们一起来看一下，人均水量在1700m³~3000m³属于轻度缺水，1000m³~1700m³属于中度缺水，500m³~1000m³属于重度缺水，<500m³属于极度缺水。 【提出问题】对照表的信息来分析一下这张图可以得出什么信息？ 【讲授】对，根据图表我们可以得出以下几条结论： 1. 我国大部分地区处于缺水状况。 2. 人均水量在3000m³以下的有22个省区。 3. 极度缺水的省份有9个。 4. 水资源分布不均匀。 【讲授】同学们可以看看这张图，这张图就能形象地表达出我国水资源的分布情况。东多西少，南多北少，这里需要注意的是绝对水量西部少东部高，而人均水量则是西部高东部低。 【图片展示】我们可以看一下这些图片，"缺水造成土地沙漠化、树木枯死" "水窖里居然没有水！" "我要到很远的地方挑水吃"这些图片可以看出缺水对我们的生活会产生很大的影响，我们这里是水资源比较充足的地方，所以我们感觉不到缺水带来的危害	观看 思考 【预期回答】含水量人均差别较大，9个省属于极度缺水等。 聆听 【思考】分布不均衡的水资源给生活带来的危害	利用水资源分布图锻炼学生对信息的分析处理能力。 学生讨论思考回答问题，有利于培养学生的学习能力，体会从资料中获得知识的乐趣，以及自学分析的力量

133

续表

教学环节	教师活动	学生活动	设计意图与评价
课中·高于生活　情境问题　自主学习　合作探究　成果展示　迁移应用　深度交流　　任务三	【讲授】目前世界上平均每8秒就有一个儿童因缺水死亡；由于水体被污染，很多海生动物濒临灭绝。这样的例子还有很多，如果我们不注意爱护水资源，这就会是我们的将来。因为我们有水，我们更要珍惜现在，爱护我们的水资源。党的十九大报告中提出"绿水青山就是金山银山"，还有同学们应该听过一句广告语"不要让最后一滴水成为我们的眼泪"，虽然这句话很夸张，但也是在警醒我们，爱护水资源很重要。 【提问】因为水资源的短缺，我们需要爱护我们的水资源，那该怎么办呢？我们在节约用水的同时大肆地污染水可行吗？那我们一边将排放的污水处理好，一边浪费也是不可行的吧！ 【讲授】所以我们爱护水资源必须从两方面同时进行，既要节约用水，同时也要防治水体污染，下面我们先说节约用水。 【板书】1. 节约用水 【提问】那我们该怎么节约用水呢？ 【讲授】是的，在生活中除了可以一水多用以外，还有其他很多，我们来一起从下面三方面来分析一下，在工业上，我们可以提高水的利用效率，工业上对水的需求量也是很大的，如果我们将水循环利用起来会节约很多的水。农业上，在农村待过的同学应该知道农村浇菜或者浇地的时候都会直接拉着水龙头冲，这样很浪费水，但我们如果能将农业上的大水漫灌改为喷灌、淋灌、滴灌等，也会节约很大一部分水。生活中就像同学们说的一水多用，比如，洗菜水可以用来浇花	认真聆听，思考 【回答】 不可行。 认真聆听，思考 【预期回答】一水多用，合理利用水资源。 认真聆听，做笔记	培养学生的发散思维、想象能力。培养学生的语言组织与表达能力。增强学生学习信心。

134

续表

教学环节	教师活动	学生活动	设计意图与评价
课后·用于生活	洗脸水可以用来冲厕所，我们还可以使用节水工艺，使用新技术、改革工艺和改变用水习惯等等。 【板书】 措施 { 工业：提高工业用水的重复利用率。 农业：农业上改大水漫灌为喷灌、滴灌、淋灌。 生活：一水多用。如洗脸水冲厕所、洗菜水浇花等。 【提出问题】说了节约用水，接下来说防治水体污染，在讲这个内容之前我们先来了解一下什么叫水体污染？同学们思考一下。 【讲授】大家想一下，给大家举个例子，现在有一条小溪，一头调皮的牛在里面拉了一堆便便，请问这条小溪被污染了吗？这条小溪没有被污染，虽然有便便在里面，不过在小溪里经过漫长的各种反应，真菌细菌慢慢给分解掉了，但是如果是成千上万头牛在里面拉了成千上万堆便便，那这时就是有再多的细菌真菌也分解不掉了，这时我们就说这条小溪被污染了。 【讲授】所以水体污染是指大量污染物质排入水体，超过水体的自净能力使水质恶化，水体及其周围的生态平衡遭到破坏，对人类健康、生活和生产活动等造成损失和威胁的情况。 【提问】同学们看一下书本71页上面这个图，跟PPT上的这个是一样的，同学们在这个图上看到了什么呢？ 【板书】 (1) 来源：工业污染、农业污染、生活污染 【讲授】我们可以看出这些都是我们平时生活常见的水污染来源，我们可以将其分为三大类：工业污染、农业污染、生活污染，我们来总结一下这三类污染（PPT展示图片）	【预期回答】水变脏了，不能利用了。 【预期回答】没有。 认真聆听 【预期回答】电厂热水、农业排水、畜牧业排水等等。 聆听 观看 【预期回答】影响工农业、渔业生产，破坏水生生态系统，还会直接危害人体健康。 聆听 思考，做笔记聆听讨论 认真思考，积极回答 【预期回答】 各抒己见 观看标志，记录笔记	让学生感受淡水资源匮乏，意识到节约用水的重要性，懂得如何节约用水、如何从个人做起。 从生活中的水体被污染的例子体会水体自净能力的有限性，污染对自然及人类的危害。 进行课后练习加深对知识的掌握，体会节水标志寓意

续表

教学环节	教师活动	学生活动	设计意图与评价
	【提问】看了这些污染源，想想会给我们带来哪些危害？ 【讲授】是的，不仅有这些，过度使用化肥，会导致水体富营养化，会引起水华和赤潮现象。（解释水华和赤潮现象，举例日本水俣病等） 【讲授】所以防止水体污染刻不容缓，讲解预防和消除水体污染的措施。 【板书】 （2）防治措施 【练习和巩固】 1. 地球上储水量最大的淡水库为（　　） A. 冰川　　B. 海洋水 C. 地下水　D. 大气水 2. 水在自然界中的存在形式是（　　） A. 气态　　B. 液态 C. 固态　　D. 三态均有 3. 地球上的水储量是_____的，但可供利用的淡水资源是_____的。 4. 爱护水资源主要从_____和_____两方面采取措施。 5. 水体污染主要有_____、_____、_____。（答案见PPT） 【讲授】我们来看一下课后习题第三题。 自己查阅我国"国家节水标志"图片。谈谈你对该标志的理解，及其由此获得的启示。 【题目讲解】国家节水标志由水滴、手掌和地球变形而成。绿色的圆形代表地球，象征节约用水是保护地球生态的重要措施。标志留白部分像一只手托起一滴水，手是拼音字母JS的变形，寓意为节水，表示节水需要公众参与，鼓励人们从我做起，人人动手节约每一滴水，手又像一条蜿蜒的河流，象征滴水汇成江河		

七、板书设计

课题1　爱护水资源

一、人类拥有的水资源

特点：

1. 地球71%被水覆盖。

2. 总水量充足，可用淡水资源少，可利用淡水不足总量1%。

二、爱护水资源

1. 节约用水

2. 防治水体污染

（1）来源：工业污染、农业污染、生活污染

（2）防治措施

三、国家节水标志的含义

八、教学反思

本课程注重从学生的已有经验出发，让他们在熟悉的生活情境中感受化学的重要性，了解化学与日常生活的密切联系，逐步学会分析和解决与化学有关的一些实际问题，同时学会将在课堂上学到的知识运用在生活中，做到活学活用。

第八节　物质由微观粒子构成

一、教材分析

"分子和原子"作为课程标准一级主题"物质构成的奥秘"中的一个重点内容，在初中化学学习中占据着重要的地位。本课题将引导学生进入对微

观世界的认识和探究，与宏观的物质认识不同，本课程较为抽象，需要学生对肉眼无法看到的分子、原子进行想象，并理解相关概念和规律，循序渐进提升认识水平。为了能够使学生易于理解和接受，本课程教学设计也是从学生所熟悉的生活经验入手，通过实验进行深入探究，帮助学生认识分子、原子的基本性质，树立微粒观并能够用微粒观解释日常生活中的现象，为后面认识物质结构，理解质量守恒定律打下坚实基础。

二、学情分析

学生在前面学习的一些关于物质的性质以及热胀冷缩等规律，为本节课新知识的学习做了铺垫。但是，分子、原子作为微观粒子，是初中生之前几乎没有接触过的，仅有感性认识，缺乏理性认识。因此，学生学习起来还是有一定难度的，需要教师结合生活实际耐心讲解。

三、教学目标

（一）知识和技能：让中学生认识到，分子与原子是客观存在的；了解分子的性质；接受微粒观点并用之解释相关现象。

（二）过程和方法：开展实验探究，提升学生获取知识的方法，具备相应的能力，在探究的过程中感受化学学习的乐趣。

（三）情感态度价值观：体验科学探究的过程初步认识科学的物质观、物质的微粒观。

四、教学重难点

重点：认识客观存在的分子及原子；了解分子的性质；接受微粒观点并用之解释相关现象。

难点：引导学生透过物质变化的宏观表象看到微观粒子的内在本质，能够通过想象加深对微观粒子的认识，并树立微观的概念。

五、教学方法

讲授法、实验探究法、对比法、类比法、多媒体辅助教学法。

六、教学过程

教学环节	教师活动	学生活动	设计意图与评价
课前·源于生活	在长期堆煤的墙角，地面和墙角为什么会染上了一层黑色？腌菜时要隔几天才会有咸味，而煮菜时只要几分钟就有咸味了？乒乓球压扁了，但未破裂，放到沸水中就会恢复原状？	讨论交流 学生结合生活经验讨论归纳	通过这些生活化情境，不仅可以引入新课，还可以激发学生的学习兴趣
课中·高于生活 情境问题 自主学习 合作探究 成果展示 深度交流 任务一 物质由微粒构成	【图片展示】有诗云"八月桂花遍地香，桂花飘香人团圆。"同学们想一想，为什么桂花能够"飘香"呢？ 【板书】分子和原子 一、物质是由分子、原子等微观粒子构成 【实验操作】在一个烧杯中装入大约40ml的水，然后再添加少量的品红，并静置几分钟。 【实验结论】物质是由无数肉眼看不到的微小粒子所构成，构成物质的这些粒子时时刻刻在运动着。 【归纳总结】现代科学证明分子、原子是客观存在的，物质就是由分子和原子等微小粒子构成的。分子和原子可以通过先进的科学仪器观察到。	思考 【观察现象】品红在水中逐渐扩散，最后整杯水都变红了	创设情境，通过情境问题激发学生学习的兴趣。 培养学生观察能力、思维能力、分析问题、解决问题的能力。让学生体验化学的神奇之处。 引用课本中图片，让学生真实感受微观粒子的存在

139

续表

教学环节		教师活动	学生活动	设计意图与评价
课中·高于生活	情境问题 自主学习 合作探究 成果展示 深度交流	任务二 分子很小	【板书】二、分子的基本性质 【讲授】事实证明： 【板书】1.分子的质量和体积都很小	认真听讲	
		任务三 分子间有间隔	【活动与探究】混合20ml的水与20ml的酒精。然后观察，混合后的体积是不是40ml？ 【讨论与交流】人为什么会感觉在水中行走比较费力？另外，古代穿墙术是真的吗？人为什么不能够穿过墙壁？ 【动画展示】物质三种状态的分子间隔模拟动画。 【讲授】物体的热胀冷缩现象原理就是物质分子之间的间隔在受热时变大，而遇冷时缩小的缘故。因此，物质发生物理变化的本质是分子之间的间隔发生了变化。 【板书】2.分子间有间隔 【提出问题】为什么气体可压缩存储于钢瓶中？	学生观察发现不等于40ml，总结出分子间有间隔。 学生思考交流。 观察动态示意图得出：在一般的情况下，液体之间的间隔大于固体之间的间隔，而气体之间的间隔又大于液体之间的间隔。 【讨论归纳】因为分子间有间隔	培养学生观察能力、分析问题。让学生体验化学的神奇之处。 运用生活中的现象引入知识点，体现生活化教学理念。 通过动态示意图直观地看出固、液、气分子间间隔大小

续表

教学环节		教师活动	学生活动	设计意图与评价
课中·高于生活	情境问题 自主学习 合作探究 成果展示 深度交流	任务四 分子在不断运动	【活动与探究】 1. 向盛有20ml蒸馏水的小烧杯中添加5~6滴酚酞。 2. 从烧杯中取出少量溶液倒于试管中，慢慢滴加浓氨水，仔细观察溶液颜色的变化。 3. 另取一个烧杯，加入5ml浓氨水。然后以一个大烧杯罩住两个小烧杯。观察看有什么现象发生。 【提问】什么条件下湿衣服容易晾干？ 【讲授】受热后分子能量增大，运动速率加快，所以水受热后蒸发加快，而湿衣服放在阳光下容易变干。 【板书】3. 分子无时无刻不在运动，温度越高的情况下，运动速率就越快	【观察现象】烧杯A中的液体变红，并总结出浓氨水能使酚酞溶液变红。 【观察现象】烧杯A中液体变红，并能通过现象看本质，知道分子在不断运动。 【预期回答】在受热情况下	培养学生观察能力、思维能力、分析问题、解决问题的能力。 运用生活中的现象引入知识点，体现生活化教学理念
		任务五 总结	【分子性质小结】 1. 分子质量和体积都很小。 2. 分子总是在不断地运动。 3. 分子之间有间隔	回忆	巩固知识要点
课后·用于生活			【练习】 （1）在距加油站一定距离的范围内为什么要严禁烟火？ （2）常见的混凝土水泥地板分成许多块，主要是为了美观吗？ （3）香水、汽油为什么要密封保存？	思考并运用所学知识解答	学以致用，用理论知识来解释生活中的现象，体现生活化教学

七、板书设计

分子和原子

一、物质是由分子、原子等微观粒子构成

二、分子的基本性质

1. 分子质量和体积都很小

2. 分子总是在不断地运动

3. 分子之间有间隔

八、教学反思

本课程所涉及的知识较为抽象和枯燥，通过紧密联系生活实例，结合实验，引导学生联想，逐渐认识分子和原子等微观粒子的行为表象，使深奥的化学知识容易被接收和理解。

通过多媒体等生动的形式辅助教学，增强直观感受，将抽象知识与实际体验结合起来，降低化学学习的难度，使学生轻松愉快学习知识。

第九节　燃烧和灭火

一、教材分析

（一）《课程标准》分析

1. 内容标准：能认识燃烧在生产生活中的重要性，了解燃烧与缓慢氧化以及爆炸发生条件的不同，同时知道防火灭火和防范爆炸的有关措施。

2. 活动与探究建议：针对燃烧条件进行实验探究；与同学交流讨论日常生活中常见燃料，以及缓慢氧化和爆炸等现象。

3. 学习情境素材：了解不同材料燃烧现象，以及由其引起的火灾和自救。

(二)教科书分析

1. 内容体系分析

本课程选自九年级化学上册（人教版）第七单元课题1"燃烧和灭火"的"探究"内容，编排思路为：

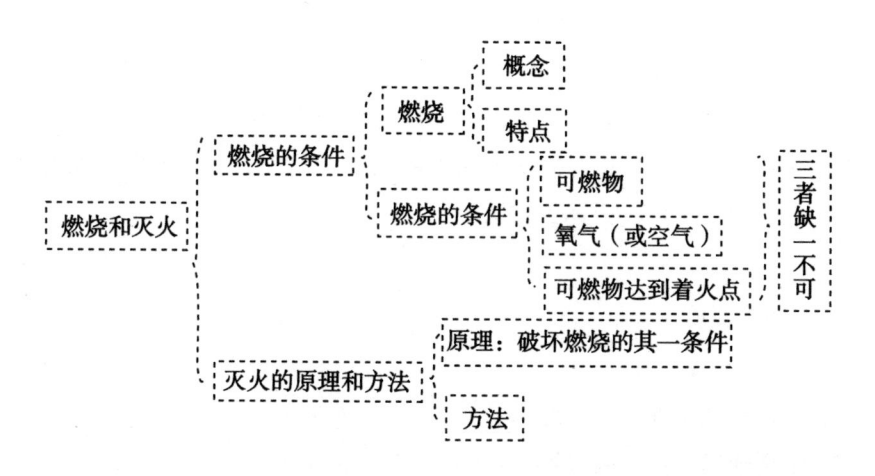

```
                                ┌─概念
                        ┌─燃烧─┤
                        │      └─特点
         ┌─燃烧的条件──┤           ┌─可燃物          ┐
         │              └─燃烧的条件┤─氧气（或空气）  ├─三者缺一不可
燃烧和灭火┤                         └─可燃物达到着火点┘
         │                         ┌─原理：破坏燃烧的其一条件
         └─灭火的原理和方法────────┤
                                   └─方法
```

本课程承上启下，对燃烧现象进行归纳总结，教材并不是从定义出发，而是通过精心设计关于物质燃烧条件的探究实验，引导学生了解掌握燃烧发生必须同时满足的三个条件，据此对常见的灭火方法及其原理进行分析。将化学知识与生活灭火方法相联系，使得化学中的知识原理应用于生活实践。

2. 内容的地位和作用分析

生活中离不开燃烧，同时也离不开灭火知识，在长期的生活中，日积月累的生活经验让同学们都非常熟悉燃烧的现象。同时前面也学习了燃烧的有关基本知识，了解物质燃烧的剧烈程度与氧气的浓度，以及与氧气的接触面积都存在一定的关系。本课程将在以前的学习基础上，让学生更加深入理解"燃烧"的意义，并能够用于生活实践。

二、学情分析

（一）知识方面

学生已经了解氧气的性质，了解木条、木炭、硫、红磷等能在氧气中燃烧。加上生活积累，对燃烧现象相当熟悉，但是没有上升到理论高度，需要引导学生进一步进行梳理和归纳，提升综合分析能力。

（二）心理认知方面

初三学生处于 14 岁到 16 岁这个年龄阶段，发展心理学研究表明，该阶段的青少年的认知处于形式运算阶段，思维形式摆脱了思维内容，拥有一定的探究能力和归纳能力。对知识有一定的好奇心，容易激发学习兴趣。

（三）可能存在的障碍点

初三学生刚刚接触化学，对化学还没有一个完全的概念，可能找不到适合自己的学习方法，容易丧失学习化学的信心。同时，知识又与日常生活有关，有可能激发不了学生学习兴趣。

三、教学目标

（一）知识与技能

1. 认识燃烧条件和灭火原理。
2. 学会选择和使用灭火器。

（二）过程与方法

1. 通过实验，提炼学会认识探究问题的一般方法。
2. 通过活动与探究，总结化学学习的科学方法；通过实验现象和呈现的事实进行分析，从而得出结论。

（三）情感态度与价值观

1. 提高收集和处理信息的能力，感受化学知识的重要性。
2. 认识燃烧实质及其对生活产生重要影响。
3. 了解火灾危害与防护方法，了解逃生一般方法，树立防火安全意识。

四、教学重难点

重点：掌握燃烧条件及灭火原理。

难点：对燃烧条件、灭火原理的实验探究及内容的归纳总结。

五、教学方法

讲授法、演示—参观法、合作探究法。

六、教学过程

教学环节		教师活动	学生活动	设计意图与评价
课前·源于生活		【PPT】播放图片（钻木取火、埃及炼铜、烹饪佳肴、奥运火炬、火箭升空） 【过渡】我们知道在人类发展的历史中，火的使用是一个重要的里程碑，火是由燃烧引起的一种现象，燃烧与我们的生产生活有着密切的联系。可以说没有燃烧，人类社会就不可能发展成为现代的高度文明社会。那什么是燃烧呢？燃烧需要什么条件呢？今天我们一起来研究燃烧与灭火的相关知识。 【板书】燃烧和灭火	观看图片，倾听感受	创设情境，激发学生学习化学的兴趣
课中·高于生活	情境问题 自主学习 合作探究 成果展示 迁移应用 深度交流	【提问】在日常生活和实验中燃烧现象屡见不鲜，你能列举一些燃烧现象吗？燃烧的共同点是什么？归纳燃烧的定义。 【总结】燃烧：是可燃物与氧气发生的一种发光、放热的剧烈的氧化反应。 特征：发光、发热 【提问】所有的燃烧都需要氧气参与吗？ 【精讲】 $2Mg+CO_2 \xrightarrow{\text{点燃}} 2MgO+C$ 【补充】介绍几种物质的着火点。 【提问】提出问题：燃烧需要什么条件？ 【探究实验】活动一：在500ml烧杯中加入300ml热水，并放入用硬纸圈圈住的一小块白磷，两根大试管，一根装有一小堆干燥的红磷，另一根放一小块已用滤纸吸去表面水分的白磷，均盖上胶塞	思考 讨论回答 小组合作探究 讨论思考回答 讨论 交流 知识迁移与拓展	从生活实际入手，学生容易归纳燃烧的现象相同点，进而总结"燃烧"的概念。培养学生善于观察和语言表达能力。 培养学生观察能力、思维能力、分析问题解决问题的能力。让学生体验化学的神奇之处。 培养学生独立思考能力，体会科学探究之美。 学生把学到的知识应用到新的学习中，学以致用

145

续表

教学环节		教师活动	学生活动	设计意图与评价
课中·高于生活	情境问题 自主学习 合作探究 成果展示 迁移应用 深度交流	【探究实验】活动二：采用排空法，用大试管装教室的空气，对准热水中的白磷罩下去，观察现象。 【分析讨论】让学生讨论观察到的实验现象，并分析归纳物质燃烧所需要的条件。 1. 总结以上实验，思考试管中的白磷燃烧而红磷不燃烧的现象，说一说燃烧需要什么样的条件。 2. 注意观察试管中的白磷燃烧，热水中的白磷不会燃烧，通过这个事实，说一说燃烧还需要什么样的条件。 3. 由在热水中本来不发生燃烧的白磷，在通入氧气（或空气）后发生燃烧的现象，再说一说燃烧需要什么样的条件。 4. 综上所述，你能总结出燃烧需要哪些条件吗？ 【归纳板书】一、物质燃烧的条件： 1. 物质必须是可燃物 2. 可燃物要与空气（氧气）接触 3. 温度必须达到可燃物的着火点 （注：三个条件缺一不可） 【练习】通过燃烧获得能量，这是人类改造自然的重要手段。用下图对燃烧条件进行探究：1. 通入 N_2，并点燃酒精灯；2. 冷却至室温；3. 通入 O_2 点燃酒精灯。那么，可以说明可燃物燃烧需要 O_2 的现象是 _____。		

续表

教学环节		教师活动	学生活动	设计意图与评价
课中·高于生活 情境问题 自主学习 合作探究 成果展示 迁移应用 深度交流	任务二 灭火的原理和方法	【分析讨论】下面是一些灭火的实例，试分析其灭火的原因： 1. 炒菜时油锅着火可用锅盖盖灭或迅速倒入蔬菜的方式灭火。 2. 杂物纸箱着火可用水浇灭；油罐着火需要用水喷淋降温。 3. 发生森林火灾时，将大火蔓延路线前的一片树清理掉从而形成隔离带，是扑灭火灾的有效方法之一。 依据燃烧条件及以上事例，请同学们总结归纳一下灭火原理。 【归纳板书】二、灭火原理及方法： 1. 降温：将温度降到着火点以下 2. 隔绝空气（氧气） 3. 隔离、离开可燃物 【互动】灭火大比拼如何熄灭燃着的蜡烛，看谁想的灭火方法又多又好？ 【实验】向一只烧杯中加适量的碳酸钠、盐酸。观察蜡烛燃烧现象的不同之处，同学们结合灭火的原理进行分析。 【板书】 $Na_2CO_3 + 2HCl == 2NaCl + CO_2\uparrow + H_2O$ 【合作探究】课下根据上述实验三及灭火原理和方法，设计一种灭火器（可用实验室仪器，也可用生活用品）。 【过渡】通过分析灭火方法，我们总结出了灭火原理。我们只要利用其中的任何一个原理就能把火灭掉。 【练习与应用】下列灭火措施或逃生方法合理的是（　　） A. 用沙子盖灭因酒精灯打翻引起的实验桌着火 B. 用水浇灭图书室着火图书 C. 炒菜时油锅着火用锅盖盖灭 D. 遇森林着火时向顺风方向逃离	讨论回答 学生能结合日常生活经验积极回答。 学生讨论思考，大胆设计，说出自己的想法。 思考 回答	结合生活实际，总结归纳。 培养学生的发散思维、想象能力。 培养学生的语言组织与表达能力。增强学生学习信心。 联系生活实际，增强解决问题的能力

续表

教学环节	教师活动	学生活动	设计意图与评价
课后·用于生活	【过渡】虽然我们掌握了一些灭火的方法，懂得了灭火原理，但是我们还是要注意用火、用电安全，防止火灾发生。 【多媒体展示】身边和新闻播报的重大火灾现场图片（房子着火、学校着火、森林大火等） 【提问】如果遇到火情怎么办？ 【教师总结】发现着火和遭遇火灾，一定不能慌张。若火势不大，可选择合适方法和灭火器材将火扑灭；如果火势较大，或者具有蔓延趋势，要立即拨打119火警电话，并迅速开展自救，如用湿毛巾掩住口鼻，弯下身子迅速离开着火现场等。 【多媒体展示】火灾自救安全小常识	【观看】身边和新闻播报的重大火灾现场图片，让学生感受火灾的无情，意识到安全用火、用电的重要性，懂得珍惜生命。 火灾避险自救教育，加强防火知识教育	

七、板书设计

燃烧和灭火

一、燃烧的条件

1. 物质必须是可燃物（具有可燃性）

2. 可燃物要与空气（氧气）接触

3. 温度必须达到可燃物的着火点（物质的固有属性，不能改变）

（注：三个条件缺一不可）

二、灭火原理和方法

1. 降温：使温度降低到着火点以下

2. 隔绝空气（氧气）

3. 隔离、离开可燃物

（注：择其一而行之）

三、安全教育

八、设计反思

本节课《燃烧和灭火》与人类生活息息相关，体现了化学生活化的教学理念。利用图片、视频、小组探究等多种手段，达到学习目标，使学生了解和掌握燃烧的条件和灭火的原理和方法。学生的参与度高，气氛活跃，教师主导地位、学生主体地位得到恰到好处的体现，同时教学效果理想，三维目标始终贯穿整节课堂，将化学知识合理运用于生活中，使学生体会化学的独特之美和实用价值。但是，在实验探究过程中，由于磷燃烧产生大量的白烟（有毒），实验存在一定的风险性，未能让学生自己动手做实验，使学生处于被动状态，不利于发挥其主动性，可能使学生体会不到实验探究之乐趣，培养不了学生的动手探究能力。但实验进行了改进，将红磷、白磷放在了有胶塞的试管中，使反应在密闭的容器中进行，避免污染空气，实现化学向环境友好型方向发展。

第十节　人类重要的营养物质

一、教材分析

《人类重要的营养物质》课程接近学生生活、与社会联系紧密。课程主要介绍了人类重要的营养物质、化学元素与人体健康、有机合成材料三方面的知识，进一步扩展了初中化学知识及应用，很好地体现了"从生活走进化学，从化学走向社会"。本课题从学生的生活经验出发，引入了六大基本营养素，引导学生初步了解几类重要营养物质对于人生命活动的重要性，以及在人的生长、发育等生命活动中，合理饮食和摄取必需营养物质的重要性。

二、学情分析

学生在生物课学习中已经认识了食物中的糖类、脂肪、蛋白质等六大类营养物质及其生理功能，并且了解这些营养物质在人体内消化、吸收的过程，初步有了合理膳食及食品安全的认识。但本次化学课程主要是让学生了解营养物质对于人类生命活动的重要性及合理饮食的重要性。因此，在教学活动中，应充分凸显学生的主体地位，通过展示大量图片、资料，以及实验开展和事实揭示，引导学生关注生活与饮食健康，激发学生对探究营养饮食的兴趣，使他们积极参与学习过程，从而圆满完成课程的学习。并在本课程结束后，更加关注合理安排饮食，注意食物的营养搭配，使自己的身体更加健康。

三、教学目标

（一）知识与技能

1. 知道蛋白质、糖类、油脂、维生素、无机盐、水等六大基本营养素。
2. 了解蛋白质、油脂、维生素、糖类等营养物质与人体健康之间的关系。
3. 知道合理安排饮食的重要性。

（二）过程与方法

1. 通过视频资料获取相关信息，培养解决开放性题目的能力。
2. 根据所学知识，建立合理安排饮食、均衡营养的理念。
3. 通过探讨营养素摄入量的问题，知道过多、过少均不利于人体健康，学会科学地、辩证地看待问题。

（三）情感态度与价值观

1. 学会利用所学的化学知识来解释和解决生活中的问题，认识化学与生活之间的密切关系。
2. 热爱生命、崇尚健康，自觉养成良好的饮食习惯，保持自身健康成长。

四、教学重难点

重点：蛋白质、糖类对人体健康的营养作用。

难点：蛋白质对于人生命活动的作用和营养价值。

五、教学方法

讲授法、合作探究法、多媒体辅助教学法、谈话—讨论法。

六、教学过程

教学环节		教师活动	学生活动	设计意图
课前·源于生活		【引入】展示两张图片（饥饿的小女孩、儿童肥胖症）	讨论	引入新课，激发学生的学习兴趣
课中·高于生活 情境问题 自主学习 合作探究 成果展示 深度交流	任务一 食物中的营养物质	【提问】请同学们思考一下是什么原因导致两小孩体态有如此之大的区别？ 【板书】食物中的营养物质 蛋白质　糖类　油脂 维生素　无机盐　水	【抢答】营养 食物 回忆出食物中的六大营养素	以情境问题导入，点明课题，驱动学生积极思考，认识食物的重要性，树立科学的生活理念。 以学生已有的知识水平为基础，从生活走进化学，激发学习激情
	任务二 营养物质介绍	【活动一】了解"食之营养" 【PPT】"中学生的午餐食谱"和"体力劳动者午餐食谱" 【提问】1. 这些食物中含有哪些营养素？ 2. 这两个食谱中所含的蛋白质的量有什么区别？科学合理吗？ 【板书】一、蛋白质 【PPT】归纳蛋白质的知识要点（课件展示） 【图片展示】"血红蛋白的结构示意图""正常人的肺与吸烟者的肺" 【实验探究】 实验1　给鸡蛋清加热 实验2　向鸡蛋清里滴加消毒酒精 实验3　向鸡蛋清里加硫酸铜溶液	组内交流，班级展示汇报 阅读教材，组内交流 观察实验，交流所观察到的实验现象 思考、交流 观看、讨论 学生阅读教材，组内交流班级汇报。 学生阅读教材，交流汇报。 思考、讨论、交流 学生阅读教材、交流汇报，总结回答阅读 【观察分析】每一层的营养成分及量	从实际出发，引起每个学生的思考。培养学生阅读能力、分析能力。 学生通过自主学习，对蛋白质有了较清晰的认识。理解中学生午餐食谱中蛋白质的量比体力劳动者多的合理性。 通过深度交流结合讲解让学生理解煤气中毒的原理，切实感受吸烟的危害！ 学生通过合作探究完成三个实验让学生感受蛋白质变性的事实

151

续表

教学环节			教师活动	学生活动	设计意图
课中·高于生活	情境问题 自主学习 合作探究 成果展示 深度交流	任务二 营养物质介绍	【图片展示】"福尔马林浸制的标本""市场上用甲醛泡过的烂虾" 【讨论交流】生活中哪里有可能存在甲醛污染？如何避免？ 【提问】："中学生的午餐食谱"和"体力劳动者午餐食谱"比较中学生、体力劳动者食谱中糖类含量，有何区别？合理吗？ 【板书】二、糖类 【PPT】归纳出糖类的知识要点（课件展示） 【提问】为什么霉变食物绝对不能食用？ 【PPT】"中学生的午餐食谱"和"体力劳动者午餐食谱"比较中学生、体力劳动者食谱中油脂含量。 【板书】三、油脂 【提问】你对油脂有哪些认识呢？ 【PPT】归纳出油脂的知识要点（课件展示） 【PPT】"中学生的午餐食谱"和"体力劳动者午餐食谱"比较中学生、体力劳动者食谱中蔬菜水果的量。 【板书】四、维生素 【提问】你对维生素有哪些认识呢？ 【PPT】归纳出维生素的相关知识要点 【PPT】缺乏维生素或维生素过量的危害 【图片展示】"中国居民膳食宝塔" 【PPT】资料卡片"十大垃圾食品""十大营养食品"		感官刺激，感受甲醛也能使蛋白质变性。 学生通过自主学习，帮助学生建立对糖类较清晰的认识。理解中学生午餐食谱中糖类的量比体力劳动者少的合理性。 学生通过自主学习，帮助学生建立对油脂较清晰的认识。 学生对六大营养素有一个总体的认识。培养学生总结归纳的能力。拓展学生的视野
课后·用于生活			【提问】1. 储存蔬菜、水果等食材时应注意哪些问题？ 2. 加工蔬菜、水果时，你认为合理的顺序是先洗后切，还是先切后洗？ 3. 黄瓜、西红柿等蔬菜富含维生素C，食用黄瓜、西红柿的方法有哪些？	思考分析	从化学走向生活，让学生体会学好化学才能更好地生活，增长学习化学的兴趣。拓展学生的知识面，指导自己的生活。 实战巩固

七、板书设计

食物中的营养物质

蛋白质　　糖类　　油脂

维生素　　无机盐　　水

八、教学反思

本课程由实际生活情境引入，自然而然地将学生从生活实际引向化学学习，并激发起学生的探索欲和认知积极性，由日常生活的表面现象延伸到事物的本质，使学生在趣味探索中获得化学知识，并使学生的思维能力得到发展。创设实验，培养学生动手、合作探究的能力。通过提出日常生活中的相关现象及问题，引导学生进行探究，追问其根源，使学生处在不断思考的氛围中，又让化学走向了生活。学生不仅获得了化学知识和技能，同时还接受了科学方法的训练，发展了能力。

第十一节　金刚石、石墨与 C_{60}

一、教材分析

《金刚石、石墨和 C_{60}》课程包括碳的单质、单质碳的化学性质两个部分的内容。其中碳的单质介绍了金刚石、石墨和 C_{60}。木炭、活性炭的主要成分皆是碳的单质，结构与石墨相似，所以将木炭和活性炭的性质相关知识放在石墨的内容中进行介绍。本课题内容一方面紧紧联系学生的生活实际，另一方面又与科技发展密切相关，同时也与社会热点问题紧密相连。比如，教材中对碳纳米管和单层石墨片、人造金刚石的介绍等。在单质碳的化学性质内容中，则着重介绍了它的稳定性、可燃性和还原性等。

二、学情分析

初中生处于智力发展的关键阶段，他们的逻辑思维由经验型向理论型发展，其观察力、记忆力和想象力发展迅速，呈现出好动、好奇、好表现的特点，而且注意力容易分散。依据初中生的这些特点，采取生动和形式多样的教学方法，引导学生广泛积极参与学习。一方面通过运用直观生动的生活实例引发学生兴趣和吸引学生的注意力；另一方面通过精心创造教学情境和条件，引导学生主动发表意见，使其主观能动性得到充分发挥，激发学生兴趣，培养学生主动思考和开展探究的能力，促进学生化学核心素养的发展。

三、学法分析

在本节课程的学习中，要充分调动学生积极主动参与课堂知识的构建过程，将生活经验、社会实际和教材紧密结合，通过师生互动与合作交流，激发学生化学学习兴趣，为今后化学学习打下良好基础。

四、教学目标

（一）知识与技能：掌握金刚石与石墨的物理性质及用途，了解"不同元素可组成不同物质""同一种元素也可组成不同物质"这两个知识点，了解碳单质的化学性质，掌握还原反应的概念。

（二）过程与方法：通过生活中常见物质图片展示或演示的素材进行分析、归纳并小结。

（三）情感态度与价值观：通过认识碳单质性质和用途，引导学生树立科学发展的观点，同时感受生活中化学无处不在。

五、教学重难点

重点：通过金刚石、石墨等碳单质的学习，初步了解物质结构、性质、用途之间的关系以及碳的化学性质及用途等。

难点：对"同一种元素可以组成不同物质"这一知识点的理解。碳的还原性及还原反应。

六、教学过程

教学环节		教师活动	学生活动	设计意图与评价
课前·源于生活		【播放图片】晶莹璀璨的钻石、彩色铅笔、冬日烤火木炭、商店一号柜台"金刚石类"二号柜台"石墨类"三号柜台"炭雕"【过渡】它们是由什么组成？它们之间有什么联系？今天我们一起探究碳单质的相关知识。【板书】课题1　金刚石、石墨和C_{60}	观看图片，倾听感受	创设情境，激发学生学习化学的兴趣
课中·高于生活	情境问题　自主学习　合作探究　成果展示　迁移应用　深度交流	【提问】在"卖炭翁"商店里，为什么有金刚石和石墨出售呢？【结论】1. 金刚石、石墨都是由碳元素组成的。2. 木炭、活性炭、墨水、炭雕等也含有碳。3. 该商店里面出售的都是和碳有关系的商品。【总结】在未指明具体单质时，习惯上把它们称为碳。【提问】既然金刚石与石墨等皆是由碳元素组成的单质，那么它们的物理性质为何有这么大的差异呢？【图片展示】金刚石与石墨的结构。	【观察总结】是因为碳原子的排列方式不同，思考、讨论并总结物质性质与用途的关系	通过这一生活化情境，不仅可以引入新课，还可以激发学生的学习兴趣

155

续表

教学环节		教师活动	学生活动	设计意图与评价
课中·高于生活	情境问题　自主学习　合作探究　成果展示　迁移应用　深度交流 任务一	【图片展示】两幅字画 【提问】为什么字画能保存这么久呢 【结论】碳在常温下化学性质不活泼，受到日光照射，或者接触空气、水分，都不易发生变化。 【提问】碳在任何情况下都这么稳定吗？ 【图片展示】生活中烤火的图片 【结论】碳能和氧气反应 充分燃烧：$C+O_2 \xrightarrow{点燃} CO_2$ 不充分燃烧：$2C+O_2 \xrightarrow{点燃} 2CO$ 【资料】在河南安阳发现的3000年前的商代后母戊铜鼎是世界上已发掘的最大青铜器，由此可见，我国古代炼铜技术的发达，世界领先。 【讨论】同学们是否知道我们的祖先是怎样制取铜单质的呢？ 【结论】碳可以和某些氧化物反应 $C+2CuO \xrightarrow{高温} 2Cu+CO_2 \uparrow$ 【讲授】还原反应——含氧化合物里的氧被夺去的反应。碳具有还原性：焦炭可以把铁从它的氧化物矿石里还原出来。 【图片】冶炼金属的图片 【活动探究】选择实验装置： 【问题引导】 反应物是什么状态？ 反应需要什么条件？ 生成物如何检验？ 【视频实验】炭粉还原氧化铁的实验视频 【讲授】1. 还原反应是指含氧化合物里的氧被夺去的反应。碳具有还原性。 2. 焦炭能够将铁从它的氧化物矿石里还原出来。 $3C+2Fe_2O_3 \xrightarrow{高温} 4Fe+3CO_2 \uparrow$	【观看图片】得出碳在常温下稳定，但是在点燃的条件下会燃烧的结论。 学生思考、讨论。 认真聆听，记录笔记。 【讨论回答】根据反应物是固态、反应条件是高温，可以选择固态加热型，可以用澄清石灰水来检验。 学生观察实验现象，并分析。 认真聆听，记录笔记。 观察对比	通过生活中常见事例与现象来引导学生学习，并利用所学知识来解释。 由生活现象引出碳的化学性质。 从身边常见物质的来源提问，激发学生的学习兴趣

续表

教学环节	教师活动	学生活动	设计意图与评价
课后·用于生活	展示 C_{60}、纳米碳管等图片 【讲授】广泛的应用前景：气体贮存，有感觉功能的传感器，增强金属的强度，新型的催化剂，光学应用，杀伤癌细胞。 生活中应用活性炭除去冰箱中的异味、制糖中应用它做褪色剂	【观看】感受化学在生活中的广泛应用。 学生思考、交流	让学生感受"碳家族"的庞大性、实用性。 通过习题巩固本节课的知识

七、板书设计

金刚石、石墨和 C_{60}

一、碳的单质

1. 金刚石、石墨：结构、物理性质、用途

2. 化学性质：稳定性、可燃性与还原性

3. C_{60} 结构、应用前景

二、碳的化学性质

1. 常温下稳定性　2. 可燃性　3. 还原性

八、教学反思

本节课《金刚石、石墨和 C_{60}》与人类生活息息相关，体现了化学生活化的教学理念。先向学生展示各种碳单质的用途，引导学生依据用途进行分析，归纳不同碳单质的物理性质，以古代字画为切入点导出常温下碳的化学性质不活泼。以生活中木炭烤火的图片引出碳的可燃性，并进一步过渡到碳的还原性。学生的参与度高，气氛高涨，教师主导地位及学生主体地位体现得恰到好处，同时教学效果理想，"三全"生活化教学始终贯穿整节课堂，将化学知识合理融入生活实践中，使学生深刻体会到化学的独特之美和实用价值。

结　语

教育与生活的关系是中外课程改革中备受关注的问题。联合国教科文组织从 20 世纪 70 年代就发出了一系列呼吁教育回归生活世界的呼声，提出了教育要引导人"学会共同生活，学会和他人一起生活"。毫无疑问，当代教育应以人的生活为根本立足点，以人与世界关系的改善为根本指向，建构整合向生活世界回归的人文与实用的教育理论体系。今天的教育回归生活、探究学习、生命教育、和谐教育等教育理念以及一些所谓后现代教育思想如教育中的建构主义、体验教育等，也是这种教育观的体现和反映。杜威的经验哲学和民主主义教育思想，特别是马克思主义历史唯物主义理论，为这种新的教育观奠定了坚实的思想基础。

我国新一轮基础教育课程改革非常重视教育与生活的关系，《基础教育课程改革纲要（试行）》指出："儿童、青少年构建智慧的重要基础，是他们已有的生活经验、学习经验等。"在现行课程内容的改革方面，强调加强课程内容与学生生活以及现代社会和科技发展的联系，关注学生的学习兴趣和经验，精选终身学习必备的基础知识和技能。

化学是一门基础自然学科，观察、实验、发现、猜想、验证等化学的实践操作和其他学科一样多，观察与实验、猜想与模拟、度量与分类等也是化学家常用的技巧。化学已经成为 21 世纪的中心学科之一，以化学为中心形成的化学学科群正成为科学技术的重要组成部分，当代新技术革命的每一个领域都跟化学有密切联系。《化学课程标准》中指出："学生会接触到很多与化学有关的生活问题，教师在教学中要注意联系实际，帮助学生拓宽视野，拓展思路。"新课程在内容上强调联系生活、社会、学生实际，在方法上强调探索实践活动，实现课程生活化、社会化和实用化，用生活化的内容充实课堂教学。同时，针对过去课程实施中存在的过于强调接受学习和教学预设等弊端，新课程改革积极倡导主动参与、乐于探究、自主合作的学习方式，强调教学的动态生成及课程与生活的联系。当前，"回归生活""关注学生体验"已成为我国课程改革的焦点性话题。

本书在撰写过程中参考了不少文献资料，这些文献资料是广大专家学者智慧的结晶，丰富并完善了本书的内容，在此一并对各位表示感谢。由于本人的学识有限及对本课题的研究仍在不断探索之中，书中的内容定会有不足之处，真诚地欢迎同行和广大读者批评指正。

参考文献

[1] 陶行知. 生活即教育 [M]. 武汉：长江文艺出版社，2021.

[2] 孙成余. 中学化学生活化教学研究 [M]. 苏州：苏州大学出版社，2013.

[3] 龙芳. 问题化教学在初中化学课堂中的应用探究 [J]. 电脑采购，2021（43）：184-186.

[4] 龙芳. 初中化学生活化教学情境的创设刍议 [J]. 新一代，2022（22）：45-9.

[5] 龙芳，张新云. 初中化学教学生活化案例设计研究：以《二氧化碳的性质》为例 [J]. 真情，2021（6）：1.

[6] 罗伟军. 初中化学生活化教学情景的创设及实践研究 [J]. 当代家庭教育，2020（29）：2.

[7] 任园园. 浅析初中化学生活化教学情境的创设策略 [J]. 天天爱科学（教学研究），2023（01）：101-103.

[8] 丁建平. 如何在初中化学课堂中开展生活化教学 [J]. 家长，2022（33）：174-176.

[9] 邓志强，侯富存. 初中化学生活化教学策略探析 [J]. 现代盐化工，2022（01）：134-135.

[10] 张德强. 核心素养下的初中化学生活化教学研究 [J]. 文理导航（中旬），2021（12）：68-69.

[11] 丁明芳. 关于初中化学生活化教学策略的分析 [J]. 天天爱科学（教育前沿），2021（11）：45-46.

[12] 荣凤新，顾佳丽，丛晓雨. 核心素养下的初中化学生活化教学研究 [J]. 科学咨询（教育科研），2021（04）：297-298.

[13] 展宏兴. 初中化学实验教学生活化的路径探索 [J]. 学周刊，2022（14）：20-22.